進德修業 格物致知

华南师范大学附属中学校训

华南师范大学附属中学前身始于清光绪十四年（1888年）的广州格致书院，至今已有130年历史。1952年，岭南大学附中、中山大学附中、广东文理学院附中、华南联大附中四校合并，定名为"华南师范学院附属中学"；1982年，随华南师范大学更名为"华南师范大学附属中学"。历代华附人秉承"进德修业，格物致知"的校训，遵循"以完整的现代教育塑造高素质的现代人"的办学宗旨，坚持"培养为民族复兴而努力学习的时代新人"的育人理念，形成"敢为人先，追求一流，崇尚卓越"的华附精神，不断引领中国基础教育改革新方向。

华南师范大学附属中学校本课程丛书

微观经济学

Microeconomics

连洪泉　林　勇　黄华林 ◎ 主编

编 委 会 名 单

丛书主编：姚训琪

编委会成员（排名不分先后）：

吴　青　肖朝云　陈慧华　黄华林　李之宁
林佩珠　林　勇　连洪泉　黎　斌　盖英俊
杨　媛　罗碎海　周建锋　林　琪　申西芬
冯　丹　何博雯

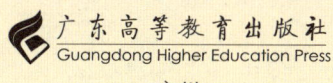

广东高等教育出版社

Guangdong Higher Education Press

·广州·

图书在版编目（CIP）数据

微观经济学/连洪泉，林勇，黄华林主编. —广州：广东高等教育出版社，2019.12

（华南师范大学附属中学校本课程丛书）

ISBN 978 - 7 - 5361 - 6335 - 5

Ⅰ. ①微⋯　Ⅱ. ①连⋯ ②林⋯ ③黄⋯　Ⅲ. ①微观经济学 - 高中 - 教材　Ⅳ. ①G634.231

中国版本图书馆 CIP 数据核字（2018）第 270946 号

微观经济学

WEIGUAN JINGJI XUE

出版发行	广东高等教育出版社
	地址：广州市天河区林和西横路
	邮政编码：510500　电话：（020）87554152　87551163
	http://www.gdgjs.com.cn
印　刷	佛山市浩文彩色印刷有限公司
开　本	787 毫米 × 1 092 毫米　1/16
印　张	7.75
字　数	180 千
版　次	2019 年 12 月第 1 版
印　次	2019 年 12 月第 1 次印刷
定　价	32.00 元

作者简介

连洪泉，男，1984年生，广东汕头人，华南师范大学经济与管理学院副教授、硕士生导师，中国人民大学经济学博士，华南师范大学经济行为科学重点实验室研究员，2018年国家公派法国经济理论和分析中心访问学者（Visiting Scholar at GATE Lyon Saint-Etienne，CNRS-University of Lyon），华南师范大学附属中学课程建设专家，广东亚太创新经济研究院专家和特约研究员、广东省潮人海外联谊会青年委员会委员。近年来在《经济研究》《管理世界》和《世界经济》等国家权威核心刊物发表论文十多篇，出版译著《中级微观经济学》（待刊）和《实验经济学》（第一译者），主持国家社会科学基金和广东省自然科学基金等项目，荣获中国人民大学优秀博士学位论文、国家哲学社会科学成果文库（第三作者）、华南师范大学优秀教师，主要研究领域是行为和实验经济学、微观经济学和公司金融。（联系邮箱：hqlian@m.scnu.edu.cn）

林勇，男，1960年生，广东汕头人，华南师范大学经济与管理学院教授、博士生导师，全国人大代表、广东省政协常委、中国民主建国会广东省经济委员会副主任，广东省首届跨世纪人材"千百十工程"培养对象，1997年复旦大学"国际经济学"高级研讨班访问学者，2007年美国"Illinois Institute of technology（IIT）Stuart Graduate School of Business"访问学者。近年来在《经济研究》《经济学动态》和《学术研究》等刊物发表论文60多篇，数篇论文为《新华文摘》转载。主持过国家社会科学基金和多项广东省社会科学和各级政府课题，荣获多项广东省优秀成果奖和重大决策咨询优秀成果奖，主要研究领域是宏观经济学和货币金融学，近年来从事制度经济学、公司治理及证券理论。（联系邮箱：freeyone@sina.com）

黄华林，男，1982年生，广东南雄人，高级教师，华南师范大学附属中学教学处副主任兼信息资源中心主任，广州市政治教研会理事，华南师范大学政治与行政学院教育硕士专业兼职指导教师，广州市"优秀教师"，第二届广州市中学政治"十佳青年教师"，曾获首届广东省中小学青年教师教学能力大赛高中思想政治学科决赛一等奖、"广东省思想政治同课异构活动"一等奖、"广东省信息技术与时事、政治课程整合研究成果"一等奖、华南师范大学"优秀共产党员"称号、华南师范大学思想政治工作先进个人，多次获华南师范大学附属中学"最受学生欢迎的老师"金奖、"先进工作者"和"优秀德育工作者标兵"称号。（联系邮箱：13324599@qq.com）

总　序

习近平总书记在 2018 年全国教育大会上指出，"培养什么人、怎样培养人、为谁培养人"是教育的根本问题。我校在开齐开足国家规定的必修课程的同时，开设"多元开放、结构系统"的校本课程，就是要回答"怎样培养人"的问题。随着新一轮课程改革的推进，我校确立了"国家必修课程优化和整合化，校本选修课程精品化和融合化"的实施策略，通过课程育人，激发学生学习兴趣，丰富学生学识，使学生不断接触学科发展前沿知识，掌握学科思维与方法，培养学生的创新精神和实践能力，努力培养为民族复兴而努力学习的时代新人。我们用坚守与创造，就"培养什么人和为谁培养人"的教育根本问题给出了自己的答案。

《国家中长期教育改革和发展规划纲要（2010—2020 年）》指出，高中阶段教育是学生个性形成、自主发展的关键时期，对提高国民素质和培养创新人才具有特殊意义；创造条件开设丰富多彩的选修课，为学生提供更多选择，促进学生全面而有个性的发展。自 20 世纪 90 年代以来，我校坚持"以完整的现代教育塑造高素质的现代人"的办学宗旨，以"培养为民族复兴而努力学习的时代新人"为育人目标，不断引领中国基础教育改革的新方向。为更好地落实立德树人的根本任务，推动学校育人模式的转变，满足学生个性化、多样化的学习和发展需求，我校结合各学科特点，从拓展课程和创新课程两个维度构建了多元开放、结构系统的学科课程体系，包括自然科学类、人文科学类、体育艺术类、社会实践类、学生发展指导类和国际教育类 6 大模块近 100 门校本课程，扩大了学生学习的自主权，引导学生自主选择、自主学习、自主发展。

在校本课程的实施过程中，我校采取选修课程、活动课程与学生社团三位一体的实施策略。不少选修课程逐渐与校园活动的开展、学生社团的发展融合，互相促进，和合共生。学生基于爱好与兴趣参加学生社团，在参加校园活动或外出比赛交流活动中，不仅凸显了自己的特长，也为今后的学习生涯做了很好的规划。

同时，我校不断探索以项目式教学为载体的跨学科融合校本课程实践。跨学科融合既是培养学生跨学科学习能力的基础，也是产生创新性成果的重要途径。采取项目式教学的校本课程，着重培养学生将知识融会贯通，进行跨学科整合的能力，以及独立思考能力和创造力。

在多年校本课程开发与实施的过程中，经过不断的反思、总结与优化，很多课程都开发了富有学科特色、符合学生需求、形式多样的配套课程资源，如课件讲义、参考资料库和校本教材等。这些课程资源的整合与开发，充分地将各学科特色与学生的需求结合起来，从学科教学的实际情况出发，不断地对教学所需要的内容进行整合与优化，为校本课程的高质量实施提供了重要基础。

为了更好地满足教师的教学需要和学生的学习需求，发挥学生的主体作用，在校本课程开发与实施的基础上，我校组织各学科教师认真研究、总结与反思，精心编写了这套丛书。

华南师范大学附属中学
校长、党委书记
2018 年 11 月 18 日

前　言

2014年4月，华南师范大学附属中学得到广东省教育厅的批复，可以试办"大学先修实验班"，探索发现和培养创新人才的途径，推进中学与大学有机衔接系统培养拔尖创新人才，满足不同潜质学生发展需要。在"大学先修实验班"的办班过程中，华南师范大学附属中学与华南师范大学密切协作，由经济与管理学院的连洪泉博士为"大学先修实验班"的学生开设了"微观经济学"课程。这门课程深受学生们的喜爱，但也因为缺乏适合高中生学习的教材，不利于学生的进一步学习。因此，华南师范大学附属中学从高中生的实际情况出发，结合教学过程中的教学框架体系和经验，综合经典的经济学教材，编写了这本生动有趣而又逻辑严谨的《微观经济学》教材。

本书主要涵盖了经济学简史、供求理论、消费理论、生产理论、市场类型和博弈论的重要知识点，主要围绕"一个均衡，两种视角"展开，详细介绍了市场领域中供给等于需求的市场均衡，以及非市场领域当中给定其他人选择本人可以做出最优选择的纳什均衡。

本书可作为大学生修读经济学类课程"微观经济学"的简明读本，也可作为高中生学习思想政治课程中深化经济学部分的必备学习资料。本书由连洪泉、林勇和黄华林三位教师结合多年高校经济学基础课和高中生政治学课堂授课经验提炼和精简而成，有助于学生更充分地理解经济学的定义、微观经济学和宏观经济学的主要研究话题，以及整个经济学发展简史，也有助于学生详细和深入地理解市场均衡理论、消费者最优选择、生产者最优选择、四种市场类型，以及非市场领域实现最优选择的纳什均衡理论。

目 录

第一章　经济学简介 …………………………………………………………… 1

- 第一节　什么是经济学 …………………………………………………… 1
- 第二节　经济学简史 ……………………………………………………… 5
- 第三节　微观经济学和宏观经济学 ……………………………………… 18
- 练习与思考 ………………………………………………………………… 23

第二章　供求理论 ………………………………………………………………… 24

- 第一节　需求曲线 ………………………………………………………… 24
- 第二节　供给曲线 ………………………………………………………… 26
- 第三节　供求曲线的共同作用 …………………………………………… 28
- 第四节　需求弹性和供给弹性 …………………………………………… 32
- 第五节　运用供求曲线的事例 …………………………………………… 38
- 练习与思考 ………………………………………………………………… 40

第三章　消费理论 ………………………………………………………………… 43

- 第一节　效用概述 ………………………………………………………… 43
- 第二节　无差异曲线 ……………………………………………………… 47
- 第三节　预算线 …………………………………………………………… 51
- 第四节　消费者均衡 ……………………………………………………… 53
- 第五节　价格变化和收入变化的影响 …………………………………… 54
- 第六节　替代效应和收入效应 …………………………………………… 58

  第七节 从单个需求曲线到市场需求曲线 ················· 61
  练习与思考 ··· 63

第四章 生产理论 ·· 64

  第一节 一种可变生产要素的生产函数 ··················· 64
  第二节 两种可变生产要素的生产函数 ··················· 66
  第三节 等成本线 ·· 68
  第四节 最优的生产要素组合 ······························· 69
  练习与思考 ··· 71

第五章 市场类型 ·· 72

  第一节 完全竞争市场 ······································ 72
  第二节 垄断市场 ·· 75
  第三节 垄断竞争市场 ······································ 78
  第四节 寡头垄断市场 ······································ 80
  第五节 不同市场比较 ······································ 83
  练习与思考 ··· 84

第六章 博弈论 ·· 85

  第一节 博弈论基础 ··· 85
  第二节 同时博弈 ·· 92
  第三节 序贯博弈 ·· 99
  练习与思考 ··· 103

参考文献 ·· 106

后记 ·· 108

第一章

经济学简介

本章主要由三小节构成。第一节简单介绍经济学的词源、研究逻辑和定义。第二节将会简要回顾经济学发展简史和代表性人物。第三节主要介绍理性经济人假设、微观经济学和宏观经济学及两者的联系与区别。学习完本章,你将了解到:

(1) 西方经济学的定义及相关概念。
(2) 经济学的发展历史和代表人物及其思想。
(3) 微观经济学和宏观经济学的研究主题。

第一节 什么是经济学

一、经济学的词源

首先,从"经济学"的词源来看,"经济学"的英文名称为 economics,最早是家计管理的意思。古希腊很早就有经济思想的论述,比如柏拉图有社会分工的论述,亚里士多德有商品交换与货币的阐述,而把家庭生产活动的组织和管理统称为"oiko-vouia"(希腊文,意指家庭经济管理),则源自于大约公元前 400 年色诺芬的《经济论》。整个《经济论》论述的是奴隶主应该如何有效管理家庭农庄才能够增加物质财富。这样一个为家庭所提供的效率思想在 18 世纪扩展至整个国家,由此被冠名为"政治经济学"(political economy)。法国重商主义者蒙克莱田在 1615 年出版《献给国王和王后的政治经济学》,首次使用了"政治经济学"一词。1775 年,卢梭为法国《百科全书》撰写了"政治经济学"条目,把政治经济学和家庭经济区分开来。在 17 世纪至 19 世纪末,"政治经济学"一词被普遍使用,比如约翰·穆勒(John Stuart Mill,

1806—1873）著有《政治经济学原理》一书，英国的斯坦利·杰文斯（1835—1882）著有《政治经济学理论》一书，这两本书也成为经济学的经典著作之二。而到了1879年，杰文斯出版《政治经济学理论》的第二版时，在序言当中明确提出，应当把"政治经济学"替换为"经济学"，去掉"政治"一词，这样更符合经济学研究的对象和主旨。因而，1890年阿尔弗雷德·马歇尔（Alfred Marshall，1842—1924）出版了《经济学原理》一书，正式改变长期以来的"政治经济学"称呼。到了20世纪，"经济学"成了普遍使用的术语。

  为什么我们中国会把外文"economics"译为"经济学"而非其他术语呢？这是因为，我国古汉语当中很早就出现了与经济有关的词句，它传达出了"经世济俗""经世济民"或"经邦济世"之意。比如葛洪的《抱朴子·内篇》用"经世济俗"来表达治理天下救济百姓之意。《晋书·纪瞻》中有"识局经济"一说，隋朝的王通则在《文中子》中提到"皆有经济之道，而位不逢"。明朝屠隆的《彩毫记·知几引退》提到"此行指望济世经邦"，明朝洪应明的《菜根谭》则有更通俗的表述："进德修道，要个木石的念头，若一有欣羡，便趋欲境；济世经邦，要段云水的趣味，若一有贪着，便堕危机。"这些与经济相关的古文，也充分体现了我国古代儒家文化"修身齐家治国平天下"的家国情怀。我们知道，日本学者痴迷和向往中国文化由来已久。在19世纪明治维新时代，他们大量系统性地翻译西方书籍。为解决翻译西方新概念时无词可用的困境，他们借用中国汉字表意的特征创造或者翻译出一系列意译词，形成了所谓的"日制汉语"，有不少词语也由此传入中国。"经济学"由此成为"economics"的中文"代言人"。

二、经济学的研究逻辑和定义

  解决了经济学的词源问题，我们来看经济学研究的基本逻辑，具体如图1-1所示。经济学研究建立在两个简单的基本前提基础之上：一是经济资源是有限的；二是人类的欲望是无穷的。人类欲望的无穷使得有限的经济资源成为相对稀缺的资源。此时，如何以有限的资源满足人类无穷的欲望？这就需要对资源进行合理配置，才能做到在既定资源约束的条件下尽可能地满足绝大部分人的需要。因而，基于经济学研究的基本逻辑，我们可以发现，经济学就是一门研究如何合理配置稀缺资源的学科。对此，不同经济学家对于经济学定义会有异曲同工的精微阐述。例如，萨缪尔森和诺德豪斯认为："经济学研究的是一个社会如何利用稀缺的资源生产有价值的商品，并将它们在不同的个体之间进行分配。"[①] 曼昆同样认为："经济学研究社会如何管理自己的

---

① 萨缪尔森，诺德豪斯. 经济学：第19版［M］. 萧琛，主译. 北京：商务印书馆，2014：4.

稀缺资源。"① 阿西莫格鲁、莱布森和李斯特则认为："经济学是经济主体为配置稀缺资源如何进行选择以及这些选择如何影响社会的研究。"②

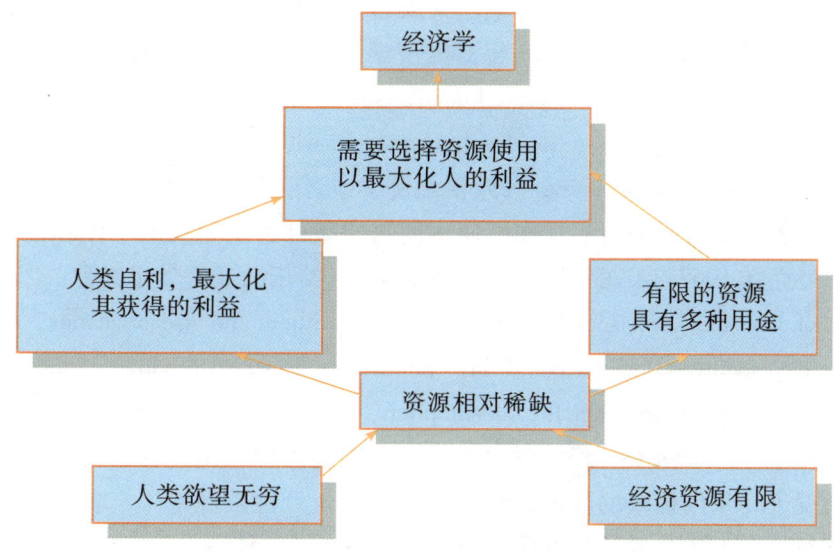

图 1-1 经济学研究的基本逻辑

如果我们去翻《牛津高阶英汉双解词典》(第 8 版)，会发现该词典为经济学提供的两种解释均只是宏观层面的经济含义。具体来说，economics 在该词典中有两种解释：一是"the study of how a society organizes its money, trade and industry"，其字面意思可译为研究一个社会怎样组织它的货币、贸易和行业；另一种是"the way in which money influences, or is organized within an area of business or society"，其字面意思为在商业领域或者社会之内货币影响或组织的方式。换句话说，该词典所提供的经济学含义是不全面的，我们需要借助经济学专业辞典。

在经济学领域当中，《新帕尔格雷夫经济学大辞典》(*The New Palgrave Dictionary of Economics*)（第二版）的词条解释被视为是权威的，该词典由超过 1 500 位杰出贡献者所撰写，收录了 1 900 篇文章，按字典 A~Z 顺序分编成 8 卷。在该词典的第 3515~3519 页，我们可以查看到关于 economics 的定义，它为我们提供了从 18 世纪后期到 2008 年的主要经济学定义。应该说，要对经济学下一个准确的定义是相当困难的，为此雅各布·维纳（Jacob Viner）戏称"Economics is what economists do（经济学就是经

---

① 曼昆. 经济学原理：第 7 版：微观经济学分册 [M]. 梁小民，梁砾，译. 北京：北京大学出版，2015：3.

② 阿西莫格鲁，莱布森，李斯特. 经济学：微观部分 [M]. 卢远瞩，尹训东，译. 北京：中国人民大学出版社，2016：5.

济学家所做的事情）"①。撰写该词条的两位经济学家史蒂文·杜尔劳夫（Steven Durlauf）和劳伦斯·布洛姆（Lawrence Blume）也指出，经济学定义会随时间发生明显变化，会受到经济学研究焦点的影响，又反过来影响经济学研究焦点。例如，我们可以看到马歇尔（Marshall）在1890年对经济学下的一个定义："Political Economy or Economics is a study of mankind in the ordinary business of life; it examines that part of individual and social action which is most closely connected with the attainment and with the use of the material requisites of wellbeing. （政治经济学或者经济学是研究人类一般生活事务的学问，它检验的是与幸福所实现和所使用的物质条件密切相关的个体和社会行动的一部分。）"② 而在1967年，萨缪尔森（Samuelson）给出的经济学定义是："Economics is the study of how men and society choose, with or without the use of money, to employ scare productive resources, which could have alternative uses, to produce various commodities over time and distribute them for consumption, now and in the future, among various people and groups in society. （经济学研究人类和社会怎样做出选择，在利用或者不利用货币的情况下，采用稀缺的可能拥有替代用途的生产性资源来生产各种产品，并且把产品分配给社会的各个成员和群体以用于现在和未来的消费。）"③

与马歇尔和萨缪尔森通过定义经济学研究主题或内容不同，罗宾斯（Robbins）则通过行为方面给经济学下定义，在他看来，"Economics is the science which studies human behaviour as a relationship between ends and scarce means which have alternative uses （经济学是研究替代用途的稀缺方法和结果之间关系的人类行为的一门科学）"④。换句话说，在罗宾斯的定义中，他把稀缺性和选择作为经济学分析的核心，强调了能够展示出稀缺特征的任何人类行为，均可落入经济学分析范畴。而与罗宾斯通过人类行为定义经济学含义不同，加里·贝克尔则通过经济分析方法来界定经济学内涵。在贝克尔看来，"经济学之所以有别于其他社会科学而成为一门学科，关键所在不是它的研究对象，而是它的分析方法……我认为经济分析是最有说服力的工具，这是因为，它能对各种各样的人类行为作出一种统一的解释"⑤。

总的来看，罗宾斯和贝克尔的经济学观点扩展了整个经济学的分析对象，让经济学用以解释和分析人类所有的选择行为，既使得经济学分析具有了帝国主义倾向，也

---

① BACKHOUSE R, et al. "Economics is what economists do", but what do the numbers tell us? [C] Annual History of Economic Thought Conference, University of Bristol, 1997.

② MARSHAL A. Principles of economics: an introductory volume [M]. 8th ed. London: Macmillan & Co, 1920: 1.

③ SAMUELSON P A, et al. Economics [M]. 19th ed. New York: McGraw-Hill, 2010: 4.

④ SAMUELSON A. Economics: an introductory analysis [M]. 7th ed. New York: McGraw-Hill, 1967: 5.

⑤ 贝克尔. 人类行为的经济分析 [M]. 王业宇，陈琪，译. 上海：格致出版社，2008：7.

让经济学享有"社会科学皇后"的美誉。然而，马歇尔和萨缪尔森通过研究话题界定的经济学内涵则提供了经济学学科分类的一个痕迹。在他们的经济学定义当中，我们可以看到个体和社会、人类和社会或者成员和群体等关键词语，它们也成为区分微观经济学和宏观经济学的关键所在。而经济学能够成功划分为微观经济学和宏观经济学两大学科体系，得归功于1936年凯恩斯出版《就业、利息和货币通论》引发的"凯恩斯革命"。我们在第二节的经济学发展简史和代表性人物当中将会简要介绍这一点。

第二节　经济学简史

整个经济学的发展简史，可以简单概括为"三次革命"和"三次综合"。这"三次革命"和"三次综合"的内容具体如下。

一、经济学的第一次革命：斯密革命

"斯密革命"的代表人物理所当然是亚当·斯密（Adam Smith，1723—1790）。斯密有一本经典著作，我们简称为《国富论》，全称是《国民财富的性质和原因的研究》。他想探究的问题是什么？我们可以从书名就猜测出来，就是研究怎样才能增加一个国家的财富。在斯密之前，有两个学派：重农学派和重商学派。重农学派，顾名思义，就是重视农业，认为只有农业才会创造价值。而商业，在他们看来，只是把商品从一人之手换到另一人之手，国家财富总量并不会增加。所以他们重视农业，鄙视商业。这一传统就跟我们中国的"士农工商"文化传统一样。士人，通俗来说就是能当官的人在社会当中是第一等人，从事农业的人是第二等人，而从事商业的人则是社会的第四等人。重农学派这一朴素天真的想法很容易理解。比方说，你用10千克的种子，在春天播种下去，秋天收获了1 000千克粮食，财富总量确实是增加了。这一学派有一个很典型的代表性人物，他是法国经济学家魁奈（1694—1774），他写了《经济表》，用简明的图示说明了剩余价值是如何在生产领域当中产生的。而与重农学派观点相反的，则是重商学派，顾名思义，就是重视商业，认为商业才能够增加国家财富。在他们看来，一国财富不在于生产领域，而在于流通领域。不过，国内商品贸易确实没能增加国家财富，但是国际之间的贸易往来却能够增加财富。由于国家财富主要体现为有多少金银财宝，根据怎样才能增加国家财富的不同看法，可以划分为早期重商主义和后期重商主义。在早期重商主义学派看来，为了增加一国财富，应该鼓励出口，把本国商品卖到国外去，金银可以流入；限制进口，避免金银流出，这样就可以增加

一国金银数量，从而增加财富。而在后期重商主义学派看来，只要一国的出口量远远大于进口量，保证贸易盈余，就可以增加一国金银数量，从而增加一国财富。因而，在重商主义学派看来，实行贸易保护或者进口限制，无疑是增加一国财富的必备手段。

那么，我们所说的"斯密革命"，它究竟是革掉了谁的命呢？大家猜猜看：是重农学派，还是重商学派？答案是：重商学派！为什么呢？《国富论》一书给出了相应的答案。在斯密看来，分工是国民财富增进的源泉，市场专业化分工可以明显提高劳动生产率。他举了一个扣针制造业的例子："一个人抽铁线，一个人拉直，一个人切截，一个人削尖线的一端，一个人磨另一端，以便装上圆头。要做圆头，就需要有二三种不同的操作。装圆头，涂白色，乃至包装，都是专门的职业。这样，扣针的制造分为十八种操作。有些工厂，这十八种操作，分由十八个专门工人担任。固然，有时一人也兼任二三门。我见过一个这种小工厂，只雇用十个工人，因此在这一个工厂中，有几个工人担任二三种操作。象这样一个小工厂的工人，虽很穷困，他们的必要机械设备，虽很简陋，但他们如果勤勉努力，一日也能成针十二磅。从每磅中等针有四千枚计，这十个工人每日就可成针四万八千枚，即一人一日可成针四千八百枚。如果他们各自独立工作，不专习一种特殊业务，那末，他们不论是谁，绝对不能一日制造二十枚针，说不定一天连一枚针也制造不出来。他们不但不能制出今日由适当分工合作而制成的数量的二百四十分之一，就连这数量的四千八百分之一，恐怕也制造不出来。"①

那么，分工为什么会提高劳动生产效率呢？在斯密看来，主要有三个方面的原因："有了分工，同数劳动者就能完成比过去多得多的工作量，其原因有三：第一，劳动者的技巧因业专而日进；第二，由一种工作转到另一种工作，通常须损失不少时间，有了分工，就可以免除这种损失；第三，许多简化劳动和缩减劳动的机械的发明，使一个人能够做许多人的工作。"②

为什么说斯密在《国富论》当中所论述的专业化分工思想就是革掉了重商主义学派的命呢？因为按照斯密的《国富论》所阐述的经济学思想，每个国家不应该实行贸易保护，也不应该主张"少买多卖"，而应该从事自己具有相对优势的产业，然后相互间进行自由贸易，这样对大家来讲都有好处。举例来说，英国因为"圈地运动"在纺织品生产方面具有优势，而葡萄牙由于独特的地中海地理位置在葡萄酒生产方面具有天然优势。如果按照重商主义的做法，每个国家应该都发展自己的纺织品行业，也应该自己生产葡萄酒，这样才能避免国家金银财富的流失。可是按照斯密的观点，英

---

① 斯密. 国民财富的性质和原因的研究：上卷［M］. 郭大力，王亚南，译. 北京：商务印书馆，1972：6.

② 斯密. 国民财富的性质和原因的研究：上卷［M］. 郭大力，王亚南，译. 北京：商务印书馆，1972：8.

国应该专业生产纺织品，而葡萄牙应该专业生产葡萄酒，由于专业化可以大大提高生产效率，因此两国实行自由贸易交换各自所需的纺织品或葡萄酒之后对大家都有好处。自由贸易实行专业化生产，明显要比闭关锁国自己生产好得多。

二、经济学的第一次综合：《政治经济学原理》

在经济学历史上，完成第一次经济学思想综合的集大成者，代表人物是约翰·穆勒。为什么会有这样一次经济学综合？他综合了哪些人的经济思想？

首先，这次经济学综合有相应的历史背景：19世纪30年代，英国和法国资产阶级完全夺取政权，无产阶级反对资产阶级的斗争采取了尖锐化的形式。劳动价值论被无产阶级用作反对资产阶级的武器。因此，彻底抛弃古典经济学，成了资产阶级的迫切任务。而在约翰·穆勒之前，也有一些经济学家尝试做了一些理论工作，比如，英国的西尼尔提出了为利润辩解的"节欲论"，法国巴师夏提出"经济和谐论"，美国的凯里提出了"阶级调和论"，但是这些思想相对零散不成体系。最终实现不同理论的混合和改良，只有到了约翰·穆勒这里才完成。

一说起约翰·穆勒，他的个人名片上肯定可以印上这几个华丽的字眼：古典经济学的集大成者，19世纪英国著名的经济学家、哲学家、逻辑学家和心理学家。此外他在经济学界还享有一个外号，叫"小穆勒"，因为他父亲詹姆斯·穆勒也是一位有名的经济学家，我们称之为"大穆勒"，小穆勒是"大穆勒"6个孩子中的长子。小穆勒是一位少年天才，他的人生就好像"开外挂"一样，充满了传奇色彩。3岁就在其父亲指导下学习希腊文；8岁开始学习拉丁文，并接触几何与代数；9岁学习文学与历史，12岁学习逻辑，13岁开始阅读经济学家李嘉图的《政治经济学及赋税原理》和斯密的《国富论》等著作，而且由于其父亲与李嘉图的交往，他还有幸受到李嘉图的直接教诲；14~15岁就同大哲学家边沁之弟同游法国，而且还在经济学家萨伊家住过一段时间，游历法国期间还结识了空想社会主义学家圣西门等人。19岁的时候约翰·穆勒就开始发表讨论商业政策与货币政策的论文，同时跟边沁合编《司法证据的理论基础》，又发起并组织了业余的读书会和哲学研究会的"思辨学会"。1830年，24岁的约翰·穆勒认识了22岁的泰勒夫人。而到了1851年，在他已到中年45岁的时候，才跟相识了21年的哈里特·哈迪（原为泰勒夫人，泰勒先生已逝世）结婚。1848年，约翰·穆勒完成《政治经济学原理及其在社会哲学上的若干应用》，该书在他生前再版6次。非同寻常的人生经历，得天独厚的资源禀赋，使得约翰·穆勒能够综合斯密以来的资产阶级的各种经济理论，形成了一个折中混合的理论体系。

在约翰·穆勒看来，货币或金银并不是财富的全部，"所有其他对人有用而大自然又不是无偿提供的东西,也是财富"①,"因此,可将财富定义为一切具有交换价值的有用的或合意的物品"②。众所周知,政治经济学的研究对象是财富的生产和分配,但是财富的生产规律和分配规律具有不同性质:"财富生产的法则和条件具有自然真理的性质。它们是不以人的意志为转移的。"③ "与生产规律不同,分配规律在某种程度上是人为的制度,因为某一社会中财富分配的方式取决于通行于该社会的法令或习惯。"④ 在财富的生产方面,约翰·穆勒认为,生产要素可以"归结为三种:劳动、资本以及由自然提供的原料和动力"⑤。其中,劳动和资本是穆勒的论述重点,而马尔萨斯的人口理论、李嘉图的地租理论,则成为约翰·穆勒有关分析的基本前提和有机组成部分。在财富的分配方面,他认为财富的分配"是一件只和人类制度有关的事情","取决于社会的法律和习惯"⑥。因此,约翰·穆勒既结合政治经济学基本原理分析分配问题,又结合历史沿革、风俗习惯和法律制度等,对所有制、自耕农等诸多热点问题进行了社会哲学方面的探讨,并对工资、利润和地租理论给予了基于社会哲学思考或修正。举例来说,约翰·穆勒认为,工资既受市场竞争的影响,又同习惯有关。"工资主要是由对劳动的需求和供给决定的,正象人们常说的,是由人口与资本的比例决定的。"⑦ 就习惯或法律而言,约翰·穆勒列举了大量的例子,例如,医生和律师等的"工资取决于习惯,而不取决于竞争"⑧;除工资外,遗产、捐赠、封建地租、教会什一税等其他分配问题,也更多地同习俗或法律制度有关。关于利润和地租,约翰·穆勒认为利润是合理的,而地租则是"垄断的结果"。资本家是垫付各种生产经费的人,他要节欲、承担风险和付出努力,"因此,利润可分解为三部分,即利息、保险费和监

---

① 穆勒. 政治经济学原理及其在社会哲学上的若干应用:上卷 [M]. 赵荣潜,桑炳彦,朱泱,等译. 北京:商务印书馆,1991:18.

② 穆勒. 政治经济学原理及其在社会哲学上的若干应用:上卷 [M]. 赵荣潜,桑炳彦,朱泱,等译. 北京:商务印书馆,1991:21.

③ 穆勒. 政治经济学原理及其在社会哲学上的若干应用:上卷 [M]. 赵荣潜,桑炳彦,朱泱,等译. 北京:商务印书馆,1991:226.

④ 穆勒. 政治经济学原理及其在社会哲学上的若干应用:上卷 [M]. 赵荣潜,桑炳彦,朱泱,等译. 北京:商务印书馆,1991:33.

⑤ 穆勒. 政治经济学原理及其在社会哲学上的若干应用:上卷 [M]. 赵荣潜,桑炳彦,朱泱,等译. 北京:商务印书馆,1991:123.

⑥ 穆勒. 政治经济学原理及其在社会哲学上的若干应用:上卷 [M]. 赵荣潜,桑炳彦,朱泱,等译. 北京:商务印书馆,1991:227.

⑦ 穆勒. 政治经济学原理及其在社会哲学上的若干应用:上卷 [M]. 赵荣潜,桑炳彦,朱泱,等译. 北京:商务印书馆,1991:380.

⑧ 穆勒. 政治经济学原理及其在社会哲学上的若干应用:上卷 [M]. 赵荣潜,桑炳彦,朱泱,等译. 北京:商务印书馆,1991:450.

督工资"①。与之不同,"地租是垄断的结果,这是一目了然的。……它可以被人们控制,……如果一国的全部土地都属于一个人,那么,这个人就可任意确定地租"②。

简而言之,约翰·穆勒大体上综合了斯密以来的前人和同时代人的经济学说,把财富的管理和财富的生产整合为一个统一的分析框架,使之成为经济学并行不悖、相互补充的两大研究范式。李嘉图的土地边际收益递减规律、马尔萨斯的人口理论、西尼尔的节欲论、萨伊的供给创造需求(萨伊定理)等被有机糅合在一起,并成为约翰·穆勒经济分析的基本前提和有机组成部分;同时,对于西斯蒙第的经济浪漫主义和"小资情调"、圣西门的空想社会主义,约翰·穆勒亦给予了理解和同情,并成为其研究主线的重要补充。与此同时,他在维护斯密"看不见的手"的经济自由理论的同时,也提出了应该如何改善资本主义制度协调劳资矛盾的政策建议。因此该书在出版后的半个世纪里,被资产阶级学界视为经济学理论的经典之作,由此也奠定了约翰·穆勒处于经济学第一次综合中的学术地位。

三、经济学的第二次革命:边际革命

经济学的第二次革命,开始于19世纪70年代,主要代表人物有英国的杰文斯、奥地利的门格尔、瑞士的法国人瓦尔拉斯等,由此形成了所谓的边际主义学派。问题是,为什么会有这样的一次经济学革命?这次革命又革掉了谁的命?

在边际主义学派之前,以斯密和李嘉图为代表的古典经济学信奉的是劳动价值理论。在他们看来,商品具有使用价值和交换价值,而交换价值则是由生产该商品所耗费的社会必要劳动时间所决定的。但是劳动价值理论很难解释这样两个悖论:一个是关于钻石与水的悖论,另一个是新酒和老酒的价值问题。斯密在《国富论》当中就有提及钻石与水的悖论问题,他指出:"水的用途最大,但我们不能以水购买任何物品,也不会拿任何物品与水交换。反之,金钢钻虽几乎无使用价值可言,但须有大量其他货物才能与之交换。"③ 关于新酒和老酒的价值问题是:同样耗费了相同劳动时间的两瓶酒,如果其中一瓶贮藏了几年甚至几十年,那么老酒的价格会是新酒的几倍或者成百上千倍。劳动价值理论很难在逻辑自洽的基础上解释清楚这两个悖论。

不同于古典经济学对生产、成本和供给的强调,边际主义学派则关注消费、效用和需求。在杰文斯看来,经济学研究应当以研究人类追求最大享乐的规律为己任,研

---

① 穆勒. 政治经济学原理及其在社会哲学上的若干应用:上卷[M]. 赵荣潜,桑炳彦,朱泱,等译. 北京:商务印书馆,1991:454.

② 穆勒. 政治经济学原理及其在社会哲学上的若干应用:上卷[M]. 赵荣潜,桑炳彦,朱泱,等译. 北京:商务印书馆,1991:472.

③ 斯密. 国民财富的性质和原因的研究:上卷[M]. 郭大力,王亚南,译. 北京:商务印书馆,1972:25.

究人的感情及与此相关的效用，而人的感情无非是快乐与痛苦两大类。因此他在其经典著作《政治经济学理论》一书当中指出："我尝视（试）经济学为快乐与痛苦的微积分学，摆脱前辈意见的拘束，来定立经济学的形式。"① 与此同时，他也是数量经济学的提倡者，在他看来，"经济学既为讨究量的科学，自亦须在事实上——即令不在名辞上——成为数学的科学"②。与流行的劳动价值论不同，在杰文斯看来，"价值完全定于效用"③，"凡能引起快乐或避免痛苦的东西，都可以有效用"④。尽管很难直接测量人的快乐和痛苦情感，但是他认为"我们既能由重力在摆的运动上所生的效果来测量重力，自亦能由人心的抉择来估计诸种感情是否均衡。意志是我们的摆；其摆动，详细登记在市价表上"⑤。而在构建了效用概念和函数之后，杰文斯认为，"经济学理论是建筑在最后效用程度这一个函数上的"⑥。基于这样一个观点，就可以解释钻石与水的悖论问题。"许多对我们极有用的商品，我们对之仅予以极小的估价与愿望。没有水，我们是不能生活的，但在普通情形下，我们不认水有任何价值。为何如此呢？仅因为我们平常有极多的水，以致水的最后效用程度几降为零。我们每日都享受几乎无限的水的效用，但我们所欲消费的水随处可得，不会觉有任何缺乏。设因天旱之故，水的供给骤形缺乏，我们对于我们平常认为无多大效用的水，就觉有更高的效用程度了。"⑦ 此外，在他看来，"最后效用程度这一个函数的变化，是经济问题上最重要的点。我们可定一般法则曰：效用程度随商品量而变化，其量增加，其效用程度结局会减少"⑧。

简而言之，"边际革命"革掉的是客观价值理论的命，由此提出主观价值理论。在边际主义学派看来，商品价值是由消费这一单位产品的最后一单位所带来的主观效用所决定的，而主观效用会随着消费数量的增加而呈现递减特征，也即所谓的"边际效用递减规律"。而当一种商品具有两种不同用途的时候，"选择在当时似有最大利益的方法，是人性的必然倾向。在现有的分配方法他依然觉得满意时，可以推知，分配方法的改变不能给他以更多的快乐。这等于说，商品的一个加量在这二种用途上会提供恰好相等的效用"⑨，这构成了消费者理性选择行为理论当中的单位货币的边际效用相等规律。边际效用递减规律和单位货币的边际效用相等规律，两者构成了边际主义学派的主要理论基石。

---

①② 杰文斯. 政治经济学理论[M]. 郭大力, 译. 北京：商务印书馆, 1984：2.
③ 杰文斯. 政治经济学理论[M]. 郭大力, 译. 北京：商务印书馆, 1984：29.
④ 杰文斯. 政治经济学理论[M]. 郭大力, 译. 北京：商务印书馆, 1984：51.
⑤ 杰文斯. 政治经济学理论[M]. 郭大力, 译. 北京：商务印书馆, 1984：35.
⑥⑦ 杰文斯. 政治经济学理论[M]. 郭大力, 译. 北京：商务印书馆, 1984：60.
⑧ 杰文斯. 政治经济学理论[M]. 郭大力, 译. 北京：商务印书馆, 1984：60-61.
⑨ 杰文斯. 政治经济学理论[M]. 郭大力, 译. 北京：商务印书馆, 1984：64-65.

四、经济学的第二次综合：《经济学原理》

经济学的第二次综合，是由英国经济学家马歇尔完成的，标志性事件是1890年所出版的《经济学原理》。作为经济学的第二次综合，它综合了前面哪些人或者哪些学派的经济学思想呢？

不同于古典经济学侧重于财富的研究，也不同于边际主义学派侧重于人的苦乐情感和效用研究，在马歇尔看来："经济学是一门研究财富的学问，同时也是一门研究人的学问。"① "因为人的性格是由他的日常工作，以及由此而获得的物质资源所形成的，任何其他影响，除了他的宗教理想的影响以外，都不能形成他的性格。世界历史的两大构成力量，就是宗教和经济的力量。"② "经济学是一门研究在日常生活事务中过活、活动和思考的人们的学问。但它主要是研究在人的日常生活事务方面最有力、最坚决地影响人类行为的那些动机。"③ "当一个人的动机的力量——不是动机的本身——能用他为了得到某种满足正要放弃的货币额，或者用刚好使他忍受某种疲劳所需要的货币额，加以大约的衡量的时候，科学的方法和试验便有可能了。"④ 这一论述反映出经济学家对于难以测量的情感，是通过间接的货币度量来实现。诚如马歇尔所指出的："经济学家并不能衡量心中任何情感的本身，即不能直接地来衡量，而只能间接地通过它的结果来衡量。"⑤

均衡价格论是马歇尔经济理论的核心和基础。所谓均衡价格就是把价值看作是由供给和需求或买卖双方所达到的均衡来决定的价格。这一均衡价格理论也是综合古典经济学的生产费用论和边际主义学派的边际效用论的结果。首先，马歇尔用边际效用规律来验证需求规律。由于边际效用无法直接衡量，因而间接用买者愿意支付的货币数量即价格来衡量，从而把需求转化为需求价格，把边际效用递减规律转化为需求价格递减规律，即所谓的需求规律：价格低则需求量多，价格高则需求量少，由此形成一条向下方倾斜的需求曲线。其次，马歇尔把生产费用论作为供给的基础，提出了两个专业名词：生产的实际成本和生产的货币成本。生产的实际成本包括直接或间接用于生产商品的各种不同的劳作，以及节欲或储蓄商品生产中所用资本所需要的等待。他采用杰文斯的"反效用"解释劳作，采用西尼尔的"节欲观"解释资本，不过用"等待"一词替换。由于"反效用"和"等待"是心理现象无法直接衡量，因而他用货币作为间接衡量方式，"对这些劳作和牺牲所必须付出的货币额叫做商品生产的货币

---

①② 马歇尔. 经济学原理：上卷 [M]. 朱志泰，译. 北京：商务印书馆，1964：23.
③ 马歇尔. 经济学原理：上卷 [M]. 朱志泰，译. 北京：商务印书馆，1964：34.
④⑤ 马歇尔. 经济学原理：上卷 [M]. 朱志泰，译. 北京：商务印书馆，1964：35.

成本，或为简单起见，叫做商品的生产费用"①，并用生产费用来说明供给价格，价格高则供给多，价格低则供给少，由此得到一条向上方倾斜的供给曲线。最后，基于已有的需求曲线和供给曲线，可以发现当供给和需求相等的时候，就决定了商品的正常均衡价格。因而，在马歇尔看来，商品的价值（价格）既不是由消费者消费最后一单位产品所获得的边际效用单独决定，也不是由生产商品的边际生产费用单独决定，而是由两者共同决定。通俗来讲，这就好比用一把剪刀裁开一张纸，你没办法说这张纸是由剪刀的上面一刃还是下面一刃裁开的，而应该说是由剪刀的两刃共同裁开的。

简要来说，我们整个微观经济学的基础和重要的理论就是马歇尔的均衡价格理论。均衡价格理论实质上是综合了古典经济学的客观价值理论和边际主义学派的主观价值理论。可以说，马歇尔的《经济学原理》奠定了我们微观经济学教材内容的基础。不过，马歇尔的整个分析内容，还是建立在斯密的"看不见的手"的原理能够发挥资源配置的完全竞争市场之上。直到1933年，美国的张伯伦和罗宾逊夫人分别出版了《垄断竞争理论》和《不完全竞争经济学》，由此形成"垄断竞争论"，这才使得斯密的自由竞争被作为特例而把垄断竞争作为常态，由此形成了完善的市场结构理论。现代微观经济学的整个完整架构由此形成。

五、经济学的第三次革命：凯恩斯革命

1929—1933年的经济危机，改变社会，冲击了人们正常的社会经济生活，也冲击了传统的经济理论。按照斯密等人的古典经济学看法，市场"看不见的手"就能够有效配置资源，自发实现供给和需求的平衡。法国经济学家萨伊（Jean Baptiste Say）更是否定生产过剩的存在，提出了著名的"供给能够创造其自本身的需求"的观点，形成所谓的萨伊定律（Say's Law）。在他看来，"某人通过劳动创造某种效用，同时授予其价值。但除非有人掌握购买该价值的手段，否则便不会有人出价来购买该价值。所指手段由何组成？回答是由其他价值所组成，即同样是劳动、资本和土地创造出的其他产品所组成。基于这一事实，我们可以得到一个乍一看似乎非常离奇的结论，那就是生产为产品创造需求。……值得注意的是，产品一经产出，从那一刻就为价值与其相等的其他产品开辟了销路。一般来说，生产者在完成产品的最后一道工序后，总是急于把产品售出，因为他害怕产品滞留手中会丧失价值；此外，他同样急于把售出产品所得的货币花光，因为货币的价值也极易流失。然而，想出手货币，唯一可用的办法就是用它买东西。所以，一种产品的生产，会为其他产品开辟销路"②。也就是说，商品买卖本质上是商品交换，货币只在刹那间起到媒介作用，产品总是用产品来购买，

---

① 马歇尔. 经济学原理：下卷［M］. 陈良璧，译. 北京：商务印书馆，1965：31.
② 萨伊. 政治经济学概论［M］. 陈福生，陈振骅，译. 北京：商务印书馆，1963：272.

买者同时也就是卖者，买卖是完全统一的。因此，商品的供给会为自己创造出需求，总供给与总需求必定是相等的。局部供求不一致也会因为价格机制的调节而最终达到均衡。

1929—1933 年的经济危机，全面而非局部的生产过剩，大量的失业问题，简直是彻底地打了古典经济学的脸。面对危机，应该怎么办？若按照古典经济学的做法，应该让市场自发调节。只要给予足够时间，市场优胜劣汰，总会恢复到总供给等于总需求的正常均衡状态。问题在于，我们等不起。所以凯恩斯有一句名言："从长期来看，我们都将死去！"换句话说，古典经济学的做法从长期来看是正确的；问题在于，从长期来看我们都已经挂到墙头上去，那时的均衡对于我们来说还能有什么意义？

为此，1936 年，凯恩斯向整个经济学界抛出了他的得意之作——《就业、利息和货币通论》。这本书被誉为拯救资本主义和影响世界历史进程的名著，该书的出版也被誉为一场像哥白尼在天文学上、达尔文在生物学上、爱因斯坦在物理学上一样的革命。

《就业、利息和货币通论》第一编开宗明义解释他为什么会采用"通"字。在他看来，"古典学派的理论依次取决于下列的假设条件：（1）实际工资等于现行的就业量的边际负效用；（2）严格意义上的非自愿失业并不存在；（3）供给创造自己的需求，其意义为：在产量和就业的任何水平，总需求的价格都等于总供给价格"①。但是，"古典学派的假设条件只适用于特殊情况，而不适用于一般通常的情况。古典学派所假设的情况是各种可能的均衡状态中的一个极端之点。此外，古典理论所假设的特殊情况的属性恰恰不能代表我们实际生活中的经济社会所含有的属性"②。

为此，凯恩斯决定建立一套更具有一般意义的就业理论，既可以解释充分就业的情况，也可以解释非充分就业的情况。在他看来，一国的就业水平是由一国的有效需求所决定。由于社会总需求是消费需求和投资需求加总，有效需求不足是消费需求和投资需求不足的结果。对于消费需求，由于"社会的心理状态是：当实际收入总量增加时，总消费量也会增加，但增加的程度不如收入"③，因而消费倾向递减会使得消费增长赶不上收入增长，引起消费需求不足。而人们更愿意持有更多具有流动性的货币而不愿意保持其他资本形态的流动性偏好，以及对资本未来收益的预期，会使得资本预期利润率有偏低的趋势，这会导致投资需求不足。对资本未来收益预期的变化甚至会形成经济周期。"繁荣后期之特征，乃一般人对资本品之未来收益作乐观的预期，故即使资本品逐渐增多，其生产成本逐渐加大，或利率上涨，俱不足阻遏投资增加。但在有组织的投资市场上，大部分购买者都茫然不知所购为何物，投机者所注意者，亦不在对资本资产之未来收益作合理的估计，而在推测市场情绪在最近未来将有什么变

---

① 凯恩斯. 就业、利息和货币通论：重译本［M］. 高鸿业，译. 北京：商务印书馆，1999：27.
② 凯恩斯. 就业、利息和货币通论：重译本［M］. 高鸿业，译. 北京：商务印书馆，1999：7.
③ 凯恩斯. 就业、利息和货币通论：重译本［M］. 高鸿业，译. 北京：商务印书馆，1999：32.

动,故在乐观过度,购买过多之市场,当失望来临时,来势骤而奇烈。不仅如此,资本之边际效率宣告崩溃时,人们对于未来之看法,亦随之而变为黯淡,不放心,于是灵活偏好大增,利率乃上涨。资本之边际效率崩溃时,常连带着利率上涨,这一点可以使得投资量减退得非常厉害;但是事态之重心,仍在资本之边际效率之前崩溃——尤其是以前被人非常垂青的资本品。"①

当消费需求和投资需求所构成的有效需求不足时,社会就会出现失业问题。因而,要使经济走向充分就业,消除总需求不足带来的非自愿失业问题,合乎逻辑的办法是扩大总需求。如何扩大总需求呢?凯恩斯提出了一整套思路:"在我们置身于其中的经济制度中,选择出那些政府经济当局能按照意图加以控制或管理的变量。"② 谁来扩大总需求呢?答案是政府!为什么需要政府来扩大总需求?因为消费者的消费需求受消费倾向和收入水平制约,而投资者的投资需求受到资本未来收益预期和利率对比的影响,只有靠政府支出才能增加社会消费需求和投资需求。凯恩斯认为:"对于消费倾向,国家将要部分通过赋税制度,部分通过利息率的涨落,和部分通过其他手段来施加引导的作用。还有,单靠银行政策对利息率的影响似乎不大可能决定投资的最优数量。因此,我感觉到,某种程度的全面的投资社会化将要成为大致取得充分就业的唯一手段。"③

简而言之,在凯恩斯看来,由于古典经济学的假设前提很少或者从来没有得到满足,经济体系的自发运行一般是小于充分就业均衡的。在资本主义经济不能依赖市场机制的自发运行时,"对经济力量或因素的自由运行有必要加以制止,或加以引导"④。为了保证充分就业,必须对经济活动进行中央控制,这样做也大大扩大了政府传统的"守夜人"的角色范畴。此外,在凯恩斯之前,经济学并不存在着微观经济学和宏观经济学的明确说法;凯恩斯之后,经济学明确划分为微观经济学和宏观经济学。《就业、利息和货币通论》成为宏观经济学的蓝本,而马歇尔的《经济学原理》则变成了微观经济学的雏形。在凯恩斯之后,也出现了继承和诠释他经济思想的凯恩斯主义学派,以及分别抨击和捍卫他经济思想的新古典经济学派和新凯恩斯主义学派。

---

① 凯恩斯. 就业、利息和货币通论:重译本 [M]. 高鸿业,译. 北京:商务印书馆,1999:327-328.
② 凯恩斯. 就业、利息和货币通论:重译本 [M]. 高鸿业,译. 北京:商务印书馆,1999:254.
③ 凯恩斯. 就业、利息和货币通论:重译本 [M]. 高鸿业,译. 北京:商务印书馆,1999:391.
④ 凯恩斯. 就业、利息和货币通论:重译本 [M]. 高鸿业,译. 北京:商务印书馆,1999:393.

六、经济学的第三次综合:《经济学》

应该说,凯恩斯《就业、利息和货币通论》的政策主张是政府干预,强调政府"看得见的手"的积极作用,特别是注重财政政策对于有效需求的刺激作用。而按照斯密及马歇尔等人的经济学传统,应该强调市场"看不见的手"引导资源实现有效配置。政府有形之手的主张和市场无形之手的思想,两者明显相对立、相违背,亟须新的理论来调和或者折中。1948 年,萨缪尔森《经济学》教科书首版发行,标志着经济学第三次综合的到来。

1955 年,在《经济学》第 3 版中,萨缪尔森首次使用"新古典综合"来表达他的综合意图。他写道:"我们一直是在致力于某种综合性的工作,即把早期的经济学中的和现代的收入决定论中的任何有价值的东西综合起来。这个结果可以称之为新古典综合,它将在广泛范围内为所有的经济学家所接受,除了大约5%的极'左'和极右的经济学家以外。"① 萨缪尔森在这里所说的早期的经济学是指以马歇尔为代表的古典经济学,这种经济学主要讨论价值论、生产论和分配论,是以资源配置为研究对象的微观经济学;而他所提及的现代收入决定论就是凯恩斯《就业、利息和货币通论》所论述的宏观经济理论。所以,简单地说,萨缪尔森想要做的一项工作,就是把马歇尔的微观经济学和凯恩斯的宏观经济学综合起来,用马歇尔的微观经济学来补充凯恩斯的宏观经济学,从而形成一种从微观到宏观的完整的经济学理论体系。

萨缪尔森的"新古典综合"工作主要表现在两个方面:一个是理论上实现综合。具体表现为把微观经济学和宏观经济学综合起来,把传统经济学的"均衡价格论"与凯恩斯的"有效需求论"综合在一起。二是政策主张实现综合。具体表现为把凯恩斯主张的政府干预和古典学派主张的市场机制调节综合起来,同时把凯恩斯的财政政策主张跟货币主义的货币政策主张综合在一起。而理论和政策综合之后的结果是,在有效需求不足导致严重失业的时候,需要政府对经济进行干预,以刺激总需求,使经济恢复到充分就业均衡状态;而在经济达到或者接近充分就业以后,就让市场机制更多地发挥资源配置的作用。换句话说,在非充分就业时,让政府这只"看得见的手"发挥更多的作用;在达到充分就业以后,让市场机制这只"看不见的手"发挥更多的作用。

为什么萨缪尔森要做这样的一种综合工作呢?在《经济学》第 19 版的《一个折衷主义者的宣言》中,萨缪尔森为他的综合性工作提供了可能的解释:"漫游了经济学领地之后,我们的心得是,无论是无管制的资本主义制度还是过度管制的中央计划

---

① 转引自:方福前.当代西方经济学主要流派[M].北京:中国人民大学出版社,2004:49.

体制，二者都不能有效地组织起一个真正现代化的社会。"①因而，"我们的使命不仅在于确保本书能涵盖最新最优秀的经济学思想，并全面透彻地解析现代混合经济的运作逻辑，而且还在于我们始终怀着一种公正博大的胸怀去阐释来自左翼和右翼的各种批评意见"②。

　　为什么这一次的综合是由萨缪尔森来完成？萨缪尔森究竟是何许人也？翻看萨缪尔森的简历，我们会发现，萨缪尔森的一生同样也如"开外挂"一般，厉害得一塌糊涂。1915年他出生于一个犹太人家庭，16岁时就考入芝加哥大学修读经济学，20岁时获得经济学学士学位，21岁时获得芝加哥大学硕士学位，26岁时就获得哈佛大学博士学位。在哈佛大学就读期间他师出名门，跟着著名经济学家约瑟夫·熊彼特、华西里·列昂惕夫、哥特弗里德·哈伯勒和有"美国的凯恩斯"之称的阿尔文·汉森从事经济学研究，他博士毕业之后一直在麻省理工学院任教。1947年他成为约翰·贝茨·克拉克奖（该奖每两年评一次，授予40岁以下的美国大学学者）的首位获得者，1970年获得诺贝尔经济学奖。萨缪尔森也可以说是出身经济学世家，兄弟罗伯特·萨缪尔森、妹妹安妮塔·萨缪尔森均是经济学家，侄子则是美国财政部部长劳伦斯·萨默斯。

　　萨缪尔森的博士毕业论文是《经济理论操作的重要性》，在此博士论文基础上他写作了《经济分析基础》一书。在他看来，"各种不同理论的主要特征之间的相似性的存在，意味着一般理论——它是各种特殊理论的基础，并且将各种特殊理论的主要特征统一起来——的存在。这种通过抽象而一般化的基本原理，早在30多年以前就由著名的美国数学家穆尔阐明了"③。因而，他写作《经济分析基础》的目的就在于"详细论述这种一般化的基本原理对理论经济学和应用经济学的意义"④。该书以数学为工具，用数学公式统一表述了各种经济学理论和方法，把数学的最大化原理和经济学的均衡原理相结合，使新古典经济学有了经典的数学表述形式。1947年《经济分析基础》出版发行，1948年《经济学》第1版发行。这些著作也协助他赢得了1970年的诺贝尔经济学奖（第一届诺贝尔经济学奖是在1969年，获得者是挪威的朗纳·弗里施和荷兰的简·丁伯根），使他成为第一个获得诺贝尔经济学奖的美国人。

　　经济学界对于萨缪尔森的普遍评价是：他是20世纪经济学界的最后一个通才，是当代凯恩斯主义的集大成者。他提出了斯托尔珀-萨缪尔森定理、要素价格均等化定理和乘数加速原理，研究涉及了各个经济学领域，包括国际贸易、经济周期、财政税收、一般均衡和计量经济学等领域。1953年，他还曾到美国预算局，帮助在经济困境

---

① 萨缪尔森，诺德豪斯. 经济学：第19版 [M]. 萧琛，主译. 北京：商务印书馆，2014：xxvi.

② 萨缪尔森，诺德豪斯. 经济学：第19版 [M]. 萧琛，主译. 北京：商务印书馆，2014：xxvii.

③④ 萨缪尔逊. 经济分析基础 [M]. 甘华鸣，甘黎明，刘鹤，译. 北京：北京经济学院出版社，1990：1.

中上台的肯尼迪政府制定了著名的"肯尼迪减税方案"。而他获得诺贝尔经济学奖的主要理由是："他发展了数理和动态经济理论，将经济科学提高到新的水平，他的研究涉及经济学的全部领域。"颁奖评委甚至评价道："在提升经济学理论的科学分析水平上，他（萨缪尔森）的贡献要超过当代其他任何一位经济学家，他事实上以简单语言重写了经济学理论的相当部分。"2009年12月13日，著名经济学家萨缪尔森与世长辞，享年94岁。

七、谁将成为第四次经济学革命的代言人？

从经济学近现代历史发生的这三次经济学革命和经济学综合来看，每一次"革命"都提出了与之前的经济学理论不同的研究范式，而每一次"综合"则把前后两种不同的研究范式统一在一个更大的理论框架当中。这种以"革命"与"综合"交替形式出现的经济学创新模式，既反映了人类经济历史不断前进的步伐，也反映了人类思想历史不断深化的过程。而从1948年经济学的第三次综合至今，半个多世纪过去了，萨缪尔森的《经济学》也再版了19次，这是否就意味着整个经济学理论已经到达巅峰，不再有新的经济学革命、新的经济学综合了呢？

答案是否定的，因为已有的经济学理论均建立在理性经济人这样一个前提假定基础之上。所谓理性经济人，是指行为人在做任何决策时，只是考虑如何让自己利益达到最大化。然而，直面真实世界的前沿行为和实验经济学研究成果早已表明，理性经济人只是"黑板经济学"的简单理论假定，并不吻合真实世界的现实情境，我们现实生活中绝大部分人并不只是纯粹的自私自利，而是具有不同程度的利他情感。因而，基于社会偏好者，而非理性经济人，将很有可能会是下一次经济学革命及经济学综合的主要突破口。而在这半个多世纪里面，经济学界的发展也已经展现出第四次革命和综合的可能痕迹。2002年诺贝尔经济学奖颁发给了把心理学应用于经济学开展行为经济学研究的丹尼尔·卡尼曼和弗农·史密斯两位经济学家。此外，从1994年到2016年，短短12年的时间里诺贝尔经济学奖就有6次颁发给了与博弈理论研究相关的经济学者。生物学、心理学和脑科学等跨学科知识的融合，博弈论、脑成像、脑刺激和虚拟仿真技术等研究方法和研究工具的引进，已经在孕育和催生着新的经济学革命和经济学综合。

因而，作为新一代的青年学子，我们应该对经济学新兴研究方法给予足够的重视，关注田野实验和实验室实验等行为和实验经济学研究，关注脑成像和脑刺激的神经经济学研究，关注基于行为主体和基于社会网络的计算机仿真，唯有如此，才能拥有更好的机会和机遇使我们勇立经济学理论变革浪潮之中，才能以更好的姿势迎接第四次经济学革命和第四次经济学综合的到来。

Who will be next? Maybe it is you!

第三节　微观经济学和宏观经济学

一、理性经济人

经济理论是以一定的假设条件开展相应研究工作。这一重要假设前提就是理性经济人，也即每一个从事经济活动的人都是"利己"的，每一个从事经济活动的人的经济行为都是力图以最小经济代价去获得自己的最大经济利益。

理性经济人这一假设前提是整个经济理论的重要支柱。通过理性经济人这样一个抽象条件，现实世界各种各样不同的人基于不同动机产生的各类经济行为都被简化，现实复杂的决策行为在理论上不再具有特殊性和多样性，而是具有了同质性和普遍性特征。因为所有人都是理性经济人，所以现实各种各样的人在经济学视角下均是同质的。在同质理性经济人假设前提下，N 个消费者的消费行为可被视为一个消费者的 N 倍，N 个厂商的生产行为被视为是一个厂商的 N 倍。于是整个社会的消费和生产行为，均可简化为一个消费者的消费选择问题，以及一个厂商的生产选择问题。

理性经济人假定也便于经济学理论进行数理化，从而促进了经济学理论的发展和成熟。不过，理性经济人假设受到经济学前沿的行为经济学和实验经济学的挑战。大量的行为经济学和实验经济学证据表明，现实世界的人并非都是理性经济人。他们所做的许多决策和选择，并非纯粹基于自己的内在偏好，往往容易受到他人行为的影响；也并非纯粹追求自己利益最大化，可能会受到公平、正义、信任或者其他道德情感的影响；也并非一直具有远虑和行为一致性特征，可能会出现只追求当前利益的"近视"行为或者行为不一致性特点。正如2002年诺贝尔经济学奖得主丹尼尔·卡尼曼、弗农·史密斯所指出的，"传统上，经济理论依赖于经济人假设，该假设认为人的行为由自利的动机控制并且人们能够做出理性的决策"，"但实验结果表明，经济理论中的一些基本假定需要修订"，"在经济学和心理学的边缘地带展开的现代研究已经表明，某些概念如有限理性、有限自利和有限克制，是经济现象范畴后面的重要因素"。

我们应该如何看待理性经济人这样一个假定呢？1976年获得诺贝尔经济学奖的米尔顿·弗里德曼（Milton Friedman）在1953年的《实证经济学方法论》（The Methodology of Positive Economics）一文中对此已经做出很好的解答。在他看来，"实证科学的终极目标就是要提出一种'理论'或者'假说'，以此对尚未观察到的现象做出合理的、有意义的（而非老生常谈式）的预测"，"假说的有效性本身并不足以作为对被择假说取舍的标准"。就好比鸟儿会飞行，它不一定知晓动力学，一个出色的台球手，他可能并不知晓物理学的碰撞原理或牛顿三大定律，但是这并不妨碍我们假设鸟儿好像知晓动力学，台球手好像知晓物理学碰撞原理或牛顿三大定律一样，只要基于这样一个假说基础，我们能够得到的理论预测结果能够很好地解释现实，那么这样一个理论假说就可以接受。"理论的检验不能通过直接比较其'假设'与'现实'的差距。……完全的'真实'是无法达到的，而就某一理论是否'足够'真实，只有通过考察理论的预测水平是否符合我们的要求，或者是否比其他备择假说的预测更优。"弗里德曼这一篇文章提出的对于理论假说的看法，奠定了传统经济学的实证方法论的论调。杰克·赫舒拉发等人也基本持相似观点，他们在其通俗易懂的畅销经济学教材《价格理论及其应用：决策、市场与信息》一书当中也指出，"经济人"这个术语经常用作贬义，含蓄地批评经济推理。由于人们并不总是理性，也并不总是自私，所以批评者就断言经济学是建立在糟糕的基础之上的。但经济学家并非主张理性和自私是放之四海而皆准的绝对事实，他们更多的是以此构建研究的前提假设。无论在什么学科中，前提假设的有效性是由其有用性来评判的。① 因而，整个传统经济学理论至今依然是建立在理性经济人这样一个假设基础之上。

二、微观经济学

微观经济学（microeconomics），是以单个经济单位（消费者、企业或者政府组织）为考察对象，研究单个经济单位在约束条件下的最优选择行为。比方说，对于某个消费者，在既定的收入水平下，如何在食品或者电影这两种可能的选择当中进行分配，才能让自己的满足感达到最大化。对于某个企业主而言，就是研究在既定的资本支出条件下，究竟是雇佣更多的工人，还是采用更先进的技术设备，以实现企业利润最大化。对于政府而言，就是研究在既定的财政支出水平下，究竟是进行更多的"铁公基"（铁路、公路和基础设施的简称）建设，还是进行更多的科教文卫建设，从而实现整个社会福利的最大化。因而，整个微观经济学的核心问题，就是研究微观个体在资源约束条件下如何做出最优选择的问题，它的核心在于资源配置，它本质上就是在一系列约束条件下求解目标函数值最大化的数学最优解问题。因而，相对于其他的历史、哲学和文学等人文学科来说，经济学是所有人文社会科学当中需要用到数学，而且数学用得最多甚至最高深的一门学科。

在经济学家眼里，整个人类社会交易活动可以抽象为两个市场——产品市场和要素市场，以及两类参与者——公众（消费者）和企业（生产者），这两类参与者在两

---

① 赫舒拉发 J，格雷泽，郝拉舒发 D. 价格理论及其应用：决策、市场与信息［M］. 李俊慧，周燕，译. 北京：机械工业出版社，2009：8.

个市场的互动关系如图1-2所示。从图1-2我们可以发现，在产品市场上，公众用自己的收入购买自己所需要的产品，它形成产品市场的需求方；而企业则为市场提供自己所生产的各种各样产品，它形成产品市场的供给方。最终产品市场中产品的价格及数量就由公众的需求和企业的供给共同决定。与此相反，在要素市场上，企业为了生产产品，它需要一些生产要素，这些生产要素主要包括土地、劳动力和资本等，它形成了要素市场当中的需求方；而公众，可以在要素市场当中提供自己的劳动力、自有资本或者是土地，它成为要素市场的供给方。此时要素市场的价格（劳动力的价格体现为工资，资本的价格体现为利率，土地的价格体现为地租）和交易量就由公众的供给和企业的需求共同决定。在整个经济循环过程当中，你可以发现每个参与者，不管是公众还是企业，在两个不同市场当中分别扮演着需求者或供给者角色。

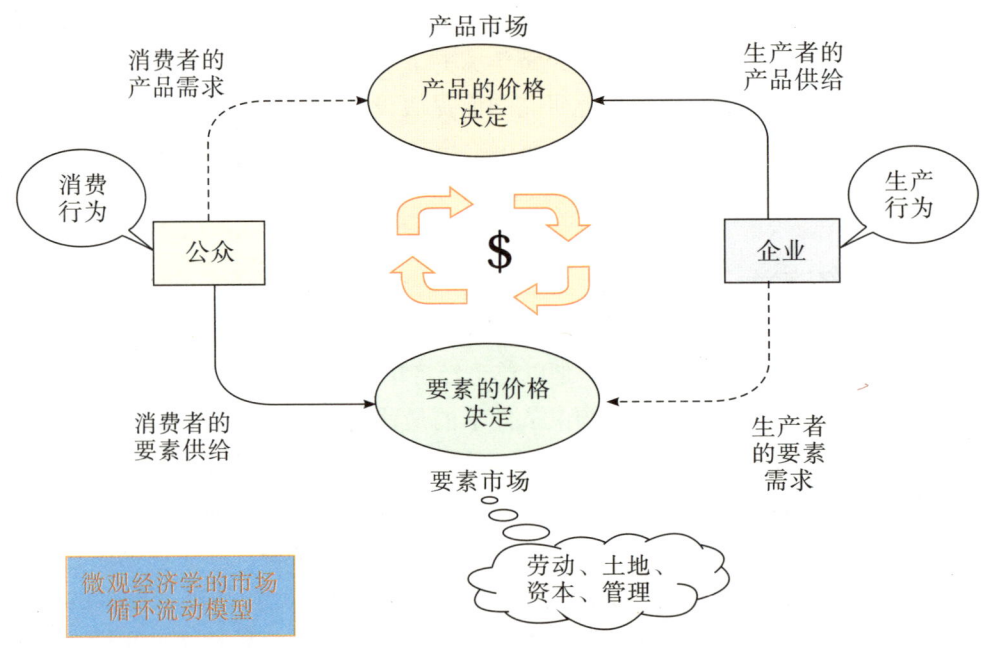

图1-2 市场循环流动模型

在整个循环流动过程当中，也呈现出微观经济学的两个主要研究主题，即消费者选择行为和生产者选择行为。与此同时，我们也可以看到，货币只是充当了交易媒介的角色。由此也不难理解，萨缪尔森给出的经济学定义中，为什么会提及"在利用或者不利用货币的情况下"，因为不管是否使用货币，还是是否使用其他交易媒介，并不会对整个产品市场和要素市场之间的循环流动产生实质性的影响效应。

由图1-2的市场循环流动模型也可以看出货币主要发挥它的交易功能。至于货币究竟是采用盐、香烟、金、银还是纸币等形式，这在微观经济学领域则是无关紧要的。这实际上也反映出一个非常重要的观点，即货币经济与实体经济是两分的，货币等名义变量与产出等实际经济变量并没有必然联系。货币量的增减只会导致物价水平同方向、同比例变化，不会带动实际收入或产出水平的变化，由此形成了"货币中性论"的观点。

三、宏观经济学

与微观经济学不同，宏观经济学是以整个国民经济活动为研究对象，采用总量分析方法，研究社会经济活动各种总量关系及其变化规律的经济学。不同经济学家对宏观经济学也提供了异曲同工的阐述。例如，美国经济学家夏皮罗（Edward Shapiro）认为："宏观经济学考察的是国民经济作为一个整体的功能，包括国民经济中物品与劳务的总产量和资源的总利用量是如何决定的，以及引起这些总量波动的原因是什么。"① 萨缪尔森认为："宏观经济学是将整个经济运行作为一个整体来进行研究的，所考查的是影响企业、消费者和工人的总体因素；相反，微观经济学研究的却是单个产品的价格、数量和市场。"② 曼昆（N. Gregory Mankiw）认为，"宏观经济学研究整体经济现象，包括通货膨胀、失业和经济增长"，而"微观经济学研究家庭和企业如何做出决策，以及他们如何在市场上相互交易"。③ 这三个不同定义均提及一个共同东西，即宏观经济学关注的是整体经济现象。

整个宏观经济学的研究内容，围绕着总体经济是如何运行展开，主要由三个主题构成：第一个是经济增长问题。众所周知，经济增长话题是宏观经济学研究中最热点也是最重要的话题。它主要是试图从劳动力、资本、技术进步和制度等方面解释经济总产值或者人均收入的增加问题。比如，为什么亚洲"四小龙"的经济可以连续十几年实现两位数的增长速度？为什么撒哈拉沙漠以南的非洲国家长期以来的 GDP 或者人均收入处于不变甚至下降状态？为什么拥有同样民族或者文化的不同国家，东德和西德的经济增长差距会那么大？韩国和朝鲜的国家经济增长为何会如此截然不同？诸如此类，不胜枚举。第二个研究主题是经济波动问题。我们在日常生活中从新闻媒介听到或者看到的失业、物价、房价、利率、利息、汇率、通货膨胀等，均可归入经济波动主题当中。比如，今年美联储准备加息多少？人民币汇率又升值了多少？今年第一季度的失业率水平如何？今年上半年物价怎样，通货膨胀怎样？这些都是短期经济波动的话题。对比来看，经济波动和经济增长主题的区别在于，前者是从短期视角去看，而后者则是从长期视角考察。因而，短期经济可能呈现周期性波动，形成繁荣、衰退、

---

① 夏皮罗. 宏观经济分析［M］. 杨德明，王文钧，闵庆全，等译. 北京：中国社会科学出版社，1985：9.

② 萨缪尔森，诺德豪斯. 经济学：第19版［M］. 萧琛，主译. 北京：商务印书馆，2014：427.

③ 曼昆. 经济学原理：第7版：微观经济学分册［M］. 梁小民，梁砾，译. 北京：北京大学出版社，2015：484.

萧条和复苏等经济周期；而从长期来看，它可能是在螺旋波动当中呈现递增的经济增长过程。第三个研究主题则是经济政策。它主要研究政府是否能够采取财政政策或者货币政策手段，能否在短期中熨平波动，在长期中促进增长，从而有效干预经济，改善总体经济运行状况。

　　基于对经济政策的不同看法和争论，宏观经济学形成了两大传统：第一个是自由主义传统。自由主义传统认为，供给等于需求的均衡状态是整个社会经济的常态，供过于求或者供不应求的非均衡状态只是一种例外，因而应该把主要精力用于研究整个经济的健康状态。这一传统包括了古典经济学派、货币主义学派和新古典宏观经济学派，代表人物有三个诺贝尔奖获得者——弗里德曼（Friedman）、卢卡斯（Lucas）和萨金特（Sargent）。第二个是政府干预主义传统。政府干预主义强调经济的病态或异常状况，认为经济不会从病态中全面或者迅速恢复。与自由主义传统不同，他们认为均衡并非整体经济的常态，它只是一个特例，而非均衡才是整体经济的常态，所以需要政府干预。这一传统包括了凯恩斯主义和新凯恩斯主义，代表人物是萨缪尔森（Samuelson）、托宾（Tobin）、阿克洛夫（Akerlof）、斯蒂格利茨（Stiglitz）、布兰查德（Blanchard）和曼昆（Mankiw），前四个代表人物均获得过诺贝尔经济学奖。

四、微观经济学和宏观经济学的联系与区别

　　结合上文对微观经济学和宏观经济学的介绍，我们可以了解到微观经济学和宏观经济学既有区别也有联系。

　　首先，微观经济学和宏观经济学的研究对象、解决问题、中心理论和分析方法明显不同。微观经济学的研究对象是单个经济单位，它要解决的问题是资源配置问题，中心理论是价格理论，采用的分析方法是个量分析。而宏观经济学的研究对象是整体经济，解决的问题是资源利用问题，中心理论是国民收入理论，研究方法是总量分析方法。

　　其次，微观经济学和宏观经济学的理论分析基础不一样。微观经济学依赖于理性经济人假设和市场出清假设，它所追求的是资源得到合理配置之后市场呈现帕累托有效性。它主张自由放任的市场组织形式，让斯密所认为的市场这只"看不见的手"充分发挥调节资源配置的功能。与此相反，宏观经济学则是基于合成谬误假设和市场非出清假设，认为供不应求或者供过于求是一种常态，市场这只"看不见的手"没法发挥资源配置功能，此时市场失灵，需要政府这一只"看得见的手"来进行国家干预，从而更好地解决资源配置和资源利用问题。

　　然而，微观经济学和宏观经济学两者又是有联系的。这主要体现在，微观是宏观的基础，两者互相补充。整体宏观经济是由单独的、个别的微观经济单位所组成的，个别的经济单位是整个国民经济的基础。此外，微观经济学是以资源充分利用为前提，

来解决资源如何达到最优配置；宏观经济学是在资源已获得合理配置的条件下，研究资源如何达到充分利用。

练习与思考

1. 以下哪个选项不是微观经济学研究的内容？（   ）

    A. 个人如何在资源有限的情况下决策

    B. 企业如何在资源有限的情况下决策

    C. 政府如何在资源有限的情况下决策

    D. 国家如何制定政策进行决策

2. 关于亚当·斯密，说法不正确的是（   ）。

    A. 撰写了《国富论》

    B. 认为贸易对双方都有好处

    C. 他的理论支持了重商学派

    D. 提出了"看不见的手"的理论

3. 下列哪些是宏观经济学研究的内容？（   ）

    A. 不断攀升的失业率

    B. 个人所得税率应采取何种形式

    C. 如何确定今年通货膨胀的速度

    D. 政府应该投资教育还是基建

4. 凯恩斯认为，当市场需求不足的时候，政府应该怎么做？

5. 讨论：2017年诺贝尔经济学奖得主理查德·塞勒因为将心理学上的假设和理论应用于经济学方面，对经济学的发展做出了突出贡献。请思考当现有的经济模型的假设之一——绝对理性人变为有限理性人时，我们的模型会产生怎样的变化。

第二章

供 求 理 论

生活中存在着许多经济学的问题,如黑色星期五美国各商场大幅度打折促销,但利润额却上涨;金银首饰价格上涨销售量下降,大米、猪肉价格上涨销售量却几乎不变。这些问题都与价格有关,价格理论是微观经济学的核心,微观经济学就是运用价格机制来研究资源的配置问题。本章从供给和需求入手,讨论市场均衡价格的两大基本力量。学习完本章,你将取得以下重要收获:

(1)掌握需求定义,画出需求曲线。
(2)掌握供给定义,画出供给曲线。
(3)掌握供求共同作用下的均衡价格形成过程,并应用在实际案例中。
(4)掌握弹性的概念和计算。

第一节 需求曲线

一、需求函数

萨缪尔森在其畅销教科书《经济学》一书当中,提过这样一句话:你的宠物鹦鹉甚至都能学习经济学——只要教它用'供给和需求'来回答每一个问题。换句话说,需求和供给是经济学必不可少的口头禅。在这一节当中,我们将先介绍需求的相关知识点。

需求是消费者一定时期内在各种可能的价格下愿意且能够购买商品的数量。

跟"需求"有一字之差或者非常相近的一个词是"需要"。相比较来看,"需要"

是一个自然概念,表示人们在生理和心理上对物品或感情的要求;"需求"是一个经济概念,表示和购买能力有关的消费欲望。需求必须是指消费者既有购买欲望又有购买能力的有效需求。"需要"对应的是"满足",而"需求"对应的是"供给"。

  商品需求数量由许多因素共同决定:价格、收入水平、相关商品价格、偏好、预期等。这5个因素对于需求的影响是不同的。具体来看,价格水平越高,需求往往越低,两者呈现的是负相关关系。而在其他条件不变的情形下,消费者的收入水平越高,有能力购买的产品数量会越多,因而收入与需求呈现同方向变动:收入增加,需求变大;收入减少,需求变小。对于相关商品价格,须分两种情形:一种是相关产品是替代品的情形。假如 A 和 B 是替代品,那么当替代产品 B 的价格越高,消费者会减少对替代品 B 的消费量,反而增加相对来说便宜的产品 A 的消费量,此时价格变动与消费是同方向的。另一种是相关产品是互补品的情形。那么当互补品 B 价格上升时,消费者有能力购买的产品 B 数量减少,互补品 A 的消费量也会相应减少,此时产品价格与消费数量是反方向变动。对于偏好来说,偏好跟需求是同方向变动的。你更偏好于产品 A 而非产品 B,那么你无疑会倾向于多消费 A 而少消费 B。预期也是影响需求的一个重要因素,特别是在金融投资领域当中,预期更是发挥着一个非常重要的功能。当你预期某只股票价格上涨,那么你现在会增加这只股票的需求量;与此相反,预期股票价格会下跌,那么你无疑会减少它的需求量。

  需求函数是表示一种商品的需求数量和影响该需求数量的各种因素之间的相互关系。

  影响需求数量的各个因素是自变量,需求数量是因变量,一种商品的需求数量是所有影响这种商品需求数量的因素的函数。假定其他因素保持不变,仅仅分析一种商品的价格对需求量的影响,即需求量是价格的函数,函数关系表达式如下:

$$Q_d = f(P)$$

二、需求表和需求曲线

  需求表是表示某种商品的各种价格水平和与各种价格水平相对应的该商品的需求数量之间关系的数字序列表。

  需求曲线是根据不同的价格—需求量组合在坐标图上所绘制的函数曲线(如图2–1所示)。

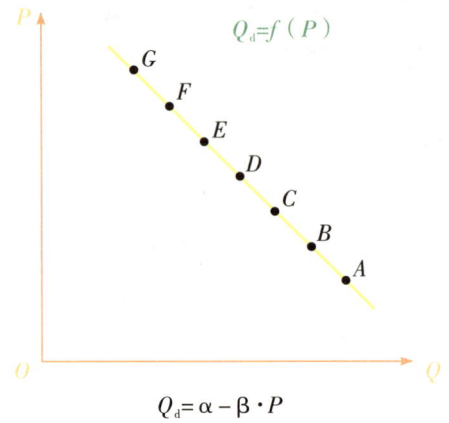

图 2-1 需求函数曲线

在图 2-1 中，横轴 OQ 表示商品的数量，纵轴 OP 表示商品的价格。与数学上的习惯相反，在微观经济学分析需求曲线和供给曲线时，通常以纵轴表示自变量 P，以横轴表示因变量 Q。图中的需求曲线 $Q_d=f(P)$ 表示在不同价格水平下消费者愿意而且能够购买的商品数量。所以，需求曲线是以几何图形来表示商品的价格和需求量之间的函数关系。商品的需求量和价格之间成反方向变动的关系。

第二节 供给曲线

一、供给函数

一种商品的供给是指生产者在一定时期内在各种可能的价格下愿意而且能够提供出售的该种商品的数量。

一种商品的供给数量受到多种因素的影响，如商品的价格、生产成本、生产技术水平、相关商品的价格、预期等。具体来说，商品价格与供给数量呈正相关关系。商品价格越高，生产者越有动机提供这一产品，即使以前生产成本较高的生产者在生产该商品时也变得有利可图，商品的供给数量会因此增加。而从生产成本来看，生产成本越低，企业既定资源所能够生产的产品数量越多，因而生产成本跟供给数量是呈现负相关关系。从生产技术水平来看，若从手工生产转变为机器大生产，相同时间所能够生产的产品数量越多，即生产技术水平越高，供给数量越多，可见两者呈现正相关关系。对于相关商品价格，同样要区分互补品或者替代品。举例来说，产品 A 和产品 B 是互补品，当产品 A 的价格上涨，产品 A 的供应量会增加，相应的互补品 B 的供给数量也要增加，此时相关商品价格与供给数量呈现正相关关系。而假如产品 A 和产品 B 是替代品，那么当产品 A 的价格上涨，产品 A 供给数量增加，由于 A 是 B 的替代品，此时 B 的供给数量无疑会减少。因为对于企业来说，相同资源用于生产 A 比生产 B 更加有利可图。预期对于产品供给数量也会产生重要影响效应。当预期产品价格上升，那么产商会增加它的产品供应存货，减少当期产品的供给量。与此相反，预期产品价格会下降，那么该产品当期的供给数量无疑会增加，未来供给数量会减少。

假定其他因素不变，仅考虑价格变化对供给量的影响，可得到价格与产品供给数量的函数关系表达式：

$$Q_s = f(P)$$

二、供给表和供给曲线

供给表是表示某种商品的各种价格和与各种价格相对应的该商品的供给数量之间关系的数字序列表。

供给曲线是根据价格—供给量组合在坐标图上所绘制出的。

供给曲线表现出向右上方倾斜的特征，如图 2-2 所示。

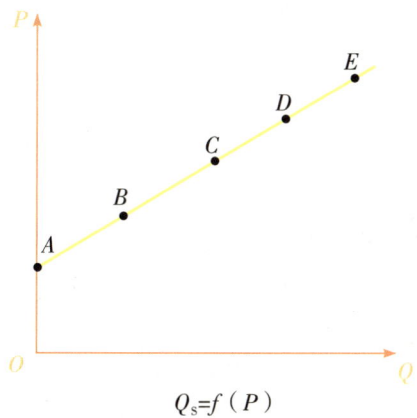

图 2-2 供给函数曲线

图 2-2 中的横轴 OQ 表示商品数量，纵轴 OP 表示商品价格。供给曲线 $Q_s = f(P)$ 表示在不同的价格水平下生产者愿意而且能够提供出售的商品数量。供给曲线是以几何图形表示商品的价格和供给量之间的函数关系。和需求曲线一样，供给曲线也是一条光滑、连续的曲线，它是建立在商品的价格和相应的供给量的变化具有无限分割性即连续性的假设上的。如同需求曲线一样，供给曲线可以是直线型，也可以是曲线型。

如果供给函数是线性函数,则相应的供给曲线为直线型,如图2-2所示的供给曲线。如果供给函数是非线性函数,则相应的供给曲线就是曲线型的。直线型的供给曲线上的每点的斜率是相等的,曲线型的供给曲线上的每点的斜率则不相等。

商品的供给量随着商品价格的上升而增加,供给曲线表现出向右上方倾斜的特征,即供给曲线的斜率为正值,表示商品的供给量和价格成同方向变动的规律。

第三节 供求曲线的共同作用

一、均衡的含义

均衡是指经济事物中有关的变量在一定条件的相互作用下所达到的一种相对静止的状态。在微观经济分析中,市场均衡可以分为局部均衡和一般均衡。局部均衡是就单个市场或部分市场的供求与价格之间的关系和均衡状态进行分析。一般均衡是就一个经济社会中的所有市场的供求与价格之间的关系和均衡状态进行分析。一般均衡假定各种商品的供求和价格都是相互影响的,一个市场的均衡只有在其他所有市场都达到均衡的情况下才能实现。

二、均衡价格的决定

均衡价格表现为市场上需求和供给相反力量共同作用的结果,是在市场力量的自发调节下形成的,使得买者对产品的需求量等于卖者对产品供给量的价格。

在图2-3中,需求曲线和供给曲线相交于点E。在该点,P_E是均衡价格,即在该价格上,人们希望购买的数量Q_E恰好等于供给者愿意生产的数量。由于需求者和供给者都对这一结果满意,没有人有意愿去改变他们的行为。除非有事情发生改变,否则均衡点E将继续保持。为了将这种均衡力量的性质概念化,马歇尔运用了一个剪刀的类比:正如剪切过程中剪刀的双刃共同起作用一样,需求和供给的力量也共同起作用,以此形成均衡价格。

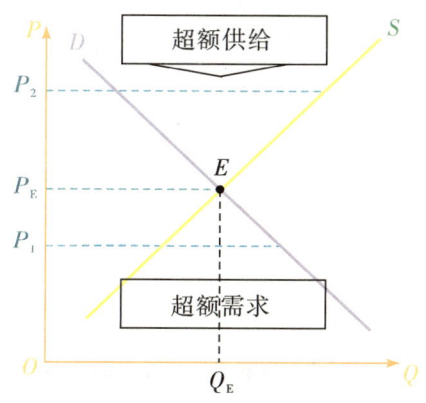

图2-3 供求均衡分析

三、均衡价格的变动

1. 需求曲线的变动

要了解需求曲线的移动，必须区分需求量的变动和需求的变动这两个概念。在西方经济学文献中，需求量的变动和需求的变动都是需求数量的变动，它们的区别在于引起这两种变动的因素是不相同的，而且这两种变动在几何图形中的表示也是不相同的。

需求量的变动是指在其他条件不变时，由某商品的价格变动所引起的该商品的需求数量的变动。在图形中，表现为商品的价格—需求数量组合点沿着一条既定的需求曲线运动。

需求的变动是指在某商品价格不变的条件下，由于其他因素变动所引起的该商品的需求数量的变动，表现为需求曲线位置发生移动。

寺庙如何增加木梳的销售量？

这个问题的答案可以分别从需求量的变动和需求变动两个角度来阐述。

第一种是通过直接改变商品价格影响需求量变动。比如通过降价促销等手段。此时具体表现如图2-4所示。香客对木梳的需求量变动是指在其他条件不变时，由木梳价格变动所引起的对木梳需求数量的变动。

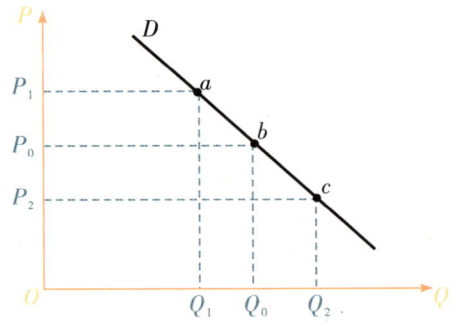

图2-4 需求量发生变动的图示

第二种,是在木梳价格维持不变的情形下,通过改变其他因素来影响需求变动。举例来说,可以在木梳上刻上"功德梳"给香客,此时是通过对木梳的需求变动来起作用,具体来说是指在价格不变的条件下,由于刻上"功德梳"或者"开光"等给香客带来的木梳需求数量的变动。如图2-5所示。

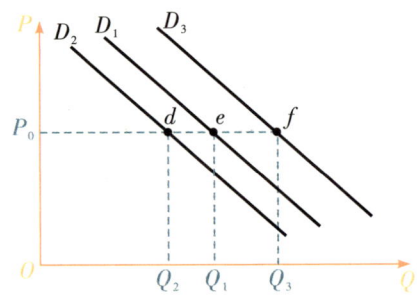

图2-5 需求发生变动的图示

2. 供给曲线的移动

要了解供给曲线的移动,必须区分供给量的变动和供给的变动这两个概念。类似于以上关于需求量的变动和需求的变动的区分,供给量的变动和供给的变动都是供给数量的变动,它们的区别在于引起这两种变动的因素是不相同的,而且,这两种变动在几何图形中的表示也是不相同的。

供给量的变动是指在其他条件不变时,由某一种商品价格变动所引起的该商品供给数量的变动。在图形中,表现为商品的价格—供给数量组合点沿着一条既定的供给曲线运动。

供给的变动是指在某商品价格不变的条件下,由于其他因素变动所引起的该商品的供给数量的变动,表现为供给曲线位置发生移动。

3. 变动的影响

在其他条件不变的情况下：需求变动引起均衡价格和均衡数量同方向变动；供给变动引起均衡价格反方向的变动，引起均衡数量同方向的变动。如图 2-6 所示。

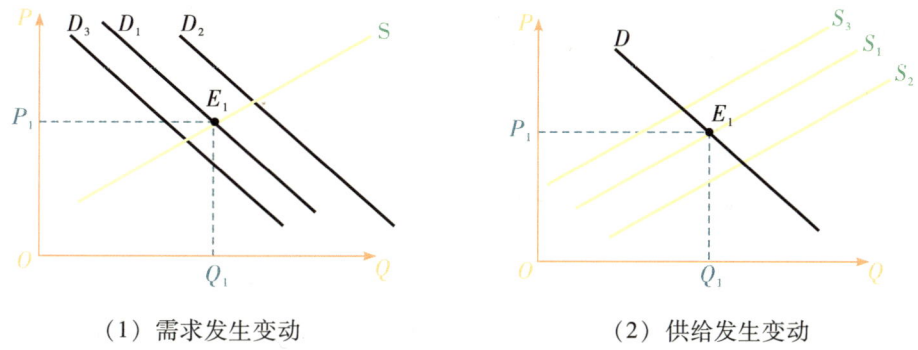

（1）需求发生变动　　　　　　（2）供给发生变动

图 2-6　需求发生变动和供给发生变动的差异

如果需求和供给同时发生了变动，那么商品均衡价格和均衡数量的变化难以确定。如图 2-7 所示。

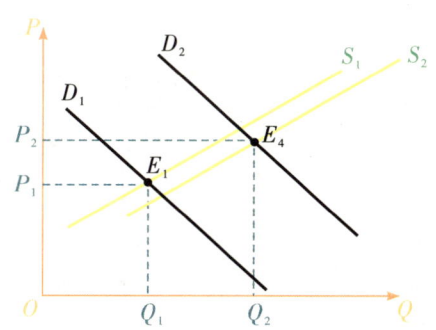

图 2-7　供给和需求同时发生变动的情形

供求定理：在其他条件不变的情况下，需求变动引起均衡价格和数量同向变动；供给变动引起均衡价格反向变动、均衡数量同向变动。

那么，什么会导致需求或供给变动？什么会导致需求量或供给量发生变动呢？此时要看变化是源自价格之外，还是价格本身。如果变化源自于价格之外的因素，那么它所引起的就是需求变动，或者供给变动。举例来说，一篇关于胆固醇的危害的新闻报道可能使一些人不吃黄油，这时人们的偏好发生了变化，它会导致需求发生变化。价格之外的变动因素，还包括技术改变、资源改变和法规改变等因素。举例来说，集成电路技术进步大幅增加了电子设备的供给，中东的石油发现扩大了世界的汽油供给，大麻的合法化可能同时增加市场供给和市场需求，这些都是价格之外的变化使得供给或需求发生变化。如果变化源自于价格本身，那么它所引起的往往是需求量变化，或者供给量变化。

举例来说，打印机价格下降，使得人们对于纸张的需求量增加了；工资水平下降了，愿意提供劳动的人的数量就会减少；芯片价格提高了，芯片供应量增加。

第四节　需求弹性和供给弹性

一、弹性的一般含义

由于不同产品的价格变化幅度差异很大，比如方便面价格的波动可能在 5 元左右，而苹果手机价格的波动会达到两三千元，不同价格波动引起的需求量或者供给量的变化就没办法直接进行比较。此时，如何处理这样一个问题呢？经济学家马歇尔发明了价格弹性这样一个概念，完美地解决了这样一个不同产品量纲的可比性问题。

从数学角度来看，只要两个变量间存在着函数关系，就可用弹性表示因变量对自变量变化反应的敏感程度。弹性是指当一个经济变量发生了 1% 变动时，由它所引起的另一个经济变量变动的百分比。

$$弹性系数 = \frac{因变量变动的百分比}{自变量变动的百分比}$$

$$弧弹数\ e = \frac{\Delta Y/Y}{\Delta X/X} = \frac{\Delta Y}{\Delta X} \cdot \frac{X}{Y}$$

需要指出的是，由弹性的定义公式可以清楚地看到，弹性是两个变量各自变化比例的一个比值，所以弹性是一个具体的数字，它与自变量和因变量的单位无关。

二、需求的价格弹性

需求方面的弹性主要包括需求的价格弹性、需求的交叉价格弹性和需求的收入弹性。其中，需求的价格弹性被简称为需求弹性。

P（商品价格）的变化会引起 Q（购买商品的数量）的变化，需求的价格弹性衡量了这种关系。具体地说，需求的价格弹性是一定时期一种商品需求量变动对其价格变动的反应程度。

$$需求的价格弹性系数 = -\frac{需求量变动率}{价格变动率}$$

$$弧弹性\ e_d = -\frac{\Delta Q/Q}{\Delta P/P} = -\frac{\Delta Q}{\Delta P} \cdot \frac{P}{Q}$$

$$点弹性\ e_d = \lim_{\Delta p \to 0} -\frac{\Delta Q}{\Delta P} \cdot \frac{P}{Q} = -\frac{dQ}{dP} \cdot \frac{P}{Q}$$

1. 弧弹性

a 点到 b 点和 b 点到 a 点的弧弹性系数值是不同的。如图 2–8 所示。

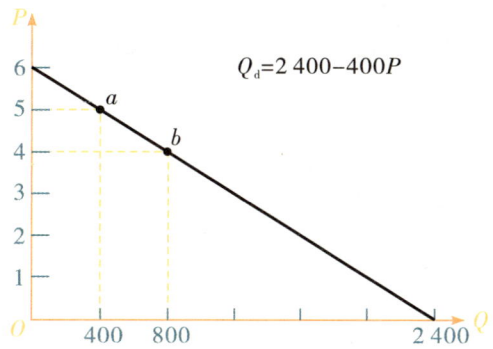

图 2–8 弧弹性系数值的变化

从 a 点到 b 点（降价时）：

$$e_d = -\frac{\Delta Q/Q}{\Delta P/P} = -\frac{Q_b - Q_a}{P_b - P_a} \cdot \frac{P_a}{Q_a}$$

$$= -\frac{800-400}{4-5} \cdot \frac{5}{400} = 5$$

从 b 点到 a 点（涨价时）：

$$e_d = -\frac{\Delta Q/Q}{\Delta P/P} = -\frac{Q_a - Q_b}{P_a - P_b} \cdot \frac{P_b}{Q_b}$$

$$= -\frac{400-800}{5-4} \cdot \frac{4}{800} = 2$$

> **思考题**
>
> 根据图 2–9，你能够将这 5 种不同的函数形状按照需求弹性的大小依序排列出来吗？

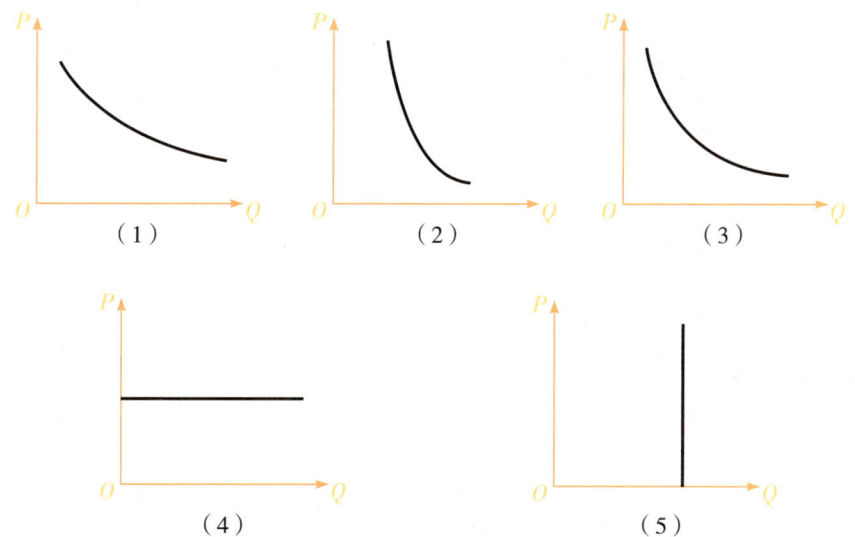

图 2–9 不同需求弹性的需求函数形状

2. 点弹性

$$e_d = -\frac{dQ/Q}{dP/P} = \frac{GB}{CG} \cdot \frac{CG}{OG} = \frac{GB}{OG} = \frac{CB}{AC} = \frac{FO}{AF}$$

在线性需求曲线上，点位置越高，弹性系数值就越大；位置越低，弹性系数值就越小。

在需求曲线的中点 D，有 $e_d = 1$。如图 2-10 所示。

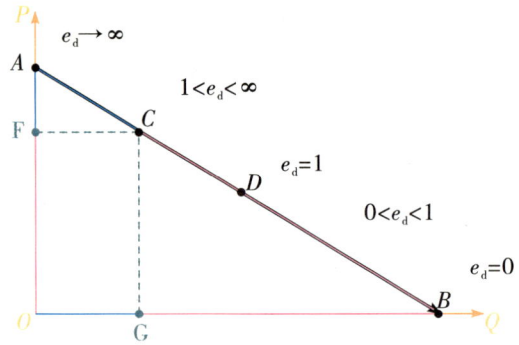

图 2-10　线性需求函数曲线上不同位置的点弹性

需求曲线上 $e_{Q,P}$ 不同取值范围对应的术语如表 2-1 所示。

表 2-1　适用于 $e_{Q,P}$ 不同取值范围的术语

需求曲线上某点的 $e_{Q,P}$ 值	此点上适用于曲线的术语
$e_{Q,P} < -1$（或者 $|e_{Q,P}| > 1$）	富有弹性
$e_{Q,P} = -1$（或者 $|e_{Q,P}| = 1$）	单位弹性
$e_{Q,P} > -1$（或者 $|e_{Q,P}| < 1$）	缺乏弹性

注：通常需求价格弹性采用绝对值的形式。

三、厂商的销售收入

第一种情况：对于 $e_d > 1$ 的富有弹性的商品，价格与销售收入成反向变动。如图 2-11 所示。

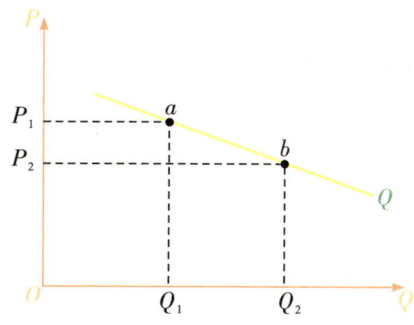

图2-11 富有弹性的销售收入图示

第二种情况：对于 $e_d<1$ 的缺乏弹性的商品，价格与销售收入同方向变动。如图2-12所示。

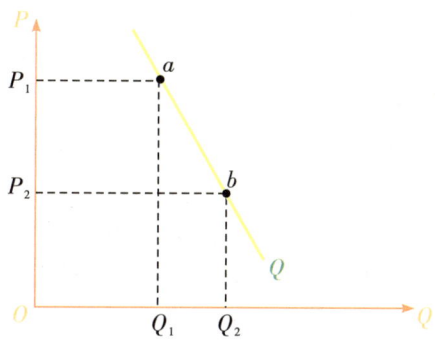

图2-12 缺乏弹性的销售收入图示

第三种情况：对于 $e_d=1$ 的单位弹性的商品，降低价格或提高价格对收入都没有影响。如图2-13所示。

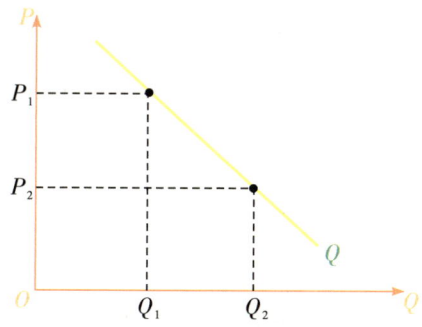

图2-13 单位弹性的销售收入图示

根据商品价格变化所引起销售收入的变化，来判断商品的需求的价格弹性的大小，这一结论对于需求弹性和消费者购买支出关系也是适用的。

> **思考题**
>
> 1. 如何运用价格弹性来解释"谷贱伤农"这一现象？
>
> 2. 为什么在经济危机的时候，奶农宁愿把牛奶倒掉也不愿低价促销？试用价格弹性对此做出解释。

四、影响需求价格弹性的因素

影响需求价格弹性大小有 5 个方面的因素：商品的可替代性、商品用途的广泛性、消费者生活的重要程度、消费支出在消费者预算总支出中所占的比重、所考察消费者调节需求量时间。

具体来说，商品的可替代性程度越低，价格弹性就越小。这个比较好理解，因为你找不到替代品，所以哪怕商品价格变高，你也得消费它，此时你对价格变动反应是不敏感的。而从商品用途的广泛性来看，一个产品用途越广，相当于增加了它被完全替代的难度，这时它的价格弹性也会变小。由此不难理解，为什么手机功能会开发得越来越多，比如我们现在大都可以用手机当手电筒、当收音机、当照相机等，实际上厂商不断地增加它用途的广泛性，以减少它的价格弹性。商品在消费者生活中的重要程度越大，价格弹性会越小。比如水，没有水，我们基本无法生存，因而相对于价格变动，我们对于水的需求量变动就不会很大。相反，对于奢侈品来说，价格变动所引起的需求量变动就会很大。某商品的消费支出在消费者预算总支出中所占的比重越大，相当于其重要性程度越高，因而价格弹性会越小。而从调节的时间来看，消费者调节需求量所需的时间越长，这时价格弹性会越大，时间越短则价格弹性会越小。比方说，石油价格上涨，短期内人们可能找不到新的替代品，此时人们对于石油消费量变动会很小。但是如果时间拉长，人们可能会倾向于选择更加廉价的能源，比如采取使用天然气或者电力等能源消费方式，此时石油需求量的变化就会很大。

五、弹性概念的扩大

1. 供给的价格弹性

供给的价格弹性表示在一定时期内一种商品供给量的变动对该商品价格变动的反应程度。

$$供给的价格弹性系数 = \frac{供给量变动率}{价格变动率}$$

弧弹性 $e_s = \dfrac{\Delta Q/Q}{\Delta P/P} = \dfrac{\Delta Q}{\Delta P} \cdot \dfrac{P}{Q}$

根据所求点的切线与横轴交点位于坐标原点的左边还是右边，来判断该点供给弹性的性质。

思考题

请参考需求弹性，用图形表明切点在左还是右时对应供给弹性的大小。

2. 需求的交叉弹性

需求的交叉弹性表示在一定时期内一种商品需求量的变动对于相关商品价格变动的反应程度。例如，消费者购买黄油的数量不仅取决于黄油的价格，还取决于相关物品（如面包和奶酪）的价格。这里也要用不受单位影响的尺度来度量需求的反应。需求的交叉弹性（cross-elasticity of demand）定义为：

$$需求的交叉弹性系数 = \frac{商品\ X\ 需求量变动率}{商品\ Y\ 价格变动率}$$

$$弧弹性\ e_{XY} = \frac{\Delta Q_X / Q_X}{\Delta P_Y / P_Y} = \frac{\Delta Q_X}{\Delta P_Y} \cdot \frac{P_Y}{Q_X}$$

替代关系与互补关系：$e_{xy} > 0$，互为替代品；$e_{xy} < 0$，就是互补品；$e_{xy} = 0$，无关商品。

如果涉及的两种商品是替代品，则需求的交叉价格弹性系数是正数，因为一种商品的价格和另外一种商品的需求数量会向同一个方向移动。例如，茶叶的价格变化对于咖啡需求影响的交叉价格弹性为 0.2，茶叶价格每上升 1% 会导致咖啡需求上升 0.2%，因为在人们的消费习惯中，茶和咖啡是替代品。茶叶价格的下降也会导致咖啡需求的下降，因为人们会喝更多的茶而不是咖啡。

如果涉及的两种商品是互补品，则交叉价格弹性系数是负数，表示一种商品的价格和另一种商品的需求量朝相反的方向移动。甜甜圈的价格和咖啡的需求量的交叉价格弹性可能是 -1.5。这将意味着如果甜甜圈的价格上升 1% 会使咖啡需求量降低 1.5%。因为许多人喜欢在早晨喝咖啡时吃甜甜圈，所以当甜甜圈变贵时，咖啡也变得不那么有吸引力。相反，甜甜圈价格的下降会使咖啡需求量增加，因为在这种情况下，人们两种互补品都会消费得更多。

3. 其他弹性

需求的收入弹性表示在一定时期内对某种商品需求量变动对消费者收入量变动的反应程度。

$$需求的收入弹性\ e_M = \frac{\Delta Q / Q}{\Delta M / M} = \frac{\Delta Q}{\Delta M} \cdot \frac{M}{Q}$$

根据需求收入弹性系数值，可以把商品分为正常品（$e_M > 0$）和劣等品（$e_M < 0$），再进一步将正常品分为必需品（$e_M < 1$）和奢侈品（$e_M > 1$）。

在需求收入弹性的基础上，具体地研究消费者用于购买食物支出量对于消费者收入量变动的反应程度，就可以得到食物支出的收入弹性。

恩格尔定律指出：在一个家庭或一个国家中，食物支出在收入中所占的比例随着收入的增加而减少。

$$恩格尔系数 = \frac{食物支出金额}{总支出金额}$$

对于正常商品，$e_{Q,I}$ 是正的，因为收入的增加导致了商品购买数量的增加。另外一方面，对于不太可能出现的低档物品，$e_{Q,I}$ 会是负的，这意味着收入的增加导致购买数量的减少。然而，我们很少会遇到负的收入弹性。

在正常商品中，$e_{Q,I}$ 是大于 1 还是小于 1 是一件有趣的事情。$e_{Q,I} > 1$ 的商品可以被称为奢侈品，这些产品的购买可能性增加得比收入还快。例如，如果汽车的需求收入弹性是 2，那收入增加 10% 会使汽车购买可能性增加 20%。汽车销售因此也会对造成人们收入改变的商业周期十分敏感。此外，恩格尔定律表明食品的收入弹性远远小于 1。例如，如果食品的需求收入弹性是 0.5，那么收入增加 10% 仅仅会造成食品的购买可能性增加 5%。已经有相当多的研究试图找到不同商品的实际收入弹性。

第五节　运用供求曲线的事例

一、价格机制的调节

弗里德曼认为价格机制主要有三个方面的功能："第一，传递情报；第二，提供一种刺激，促使人们采用最节省成本的生产方法，把可得到的资源用于最有价值的目的；第三，决定谁可以得到多少产品——即收入的分配。这三个作用是密切关联的。"[①]

二、最高限价和最低限价

最高限价也称为限制价格，是政府所规定的某种产品的最高价格，最高价格总是低于市场均衡价格。限制价格的供求分析曲线如图 2－14 所示。在我们生活当中最常见的最高限价就是限制房价。比如北京、上海、广州、深圳等城市经常出台各种对于一手房网签价格的限制规范。

---

① 弗里德曼 M，弗里德曼 L. 自由选择：个人声明［M］. 胡骑，席学媛，安强，译. 北京：商务印书馆，1982：19.

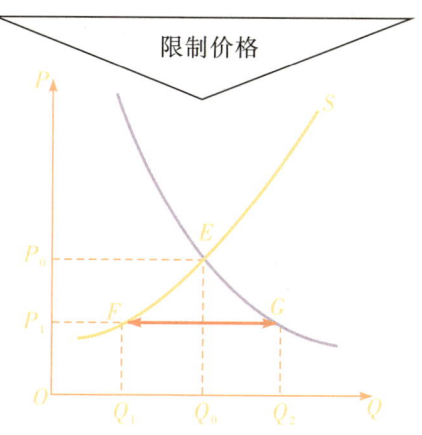

图 2-14 限制价格的供求分析

最低限价也称为支持价格,是政府所规定某种产品的最低价格,这种最低价格总是高于市场的均衡价格。支持价格的供求分析如图 2-15 所示。在现实生活当中,常见的最低限价是最低工资制度。

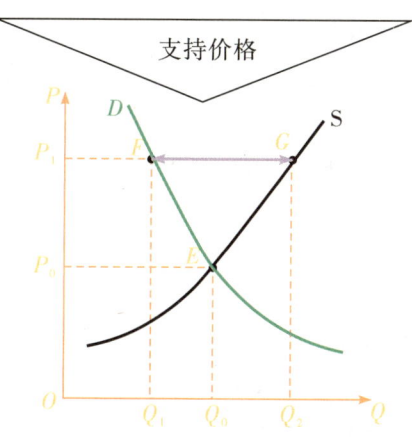

图 2-15 支持价格的供求分析

三、价格机制的局限性

许多西方经济学家称赞价格机制的完善性,认为它像一只"看不见的手",协调着整个社会的经济活动,使资源配置达到最优。在这方面,斯密最重要的见解是:参加一项交易的双方都能得到好处,而且只要合作是严格自愿的,交易双方得不到好处就不会有任何交易。

价格机制的弊病:以完全竞争为前提,具有自发性与盲目性;调节的结果并不一定合意。

案例

高税收可以禁毒吗？

有些人认为可以用税收即借助于价格机制来禁毒——毒品价格大幅度上升，吸毒者会减少；政府收入增加，又可以帮助吸毒者戒毒。请运用本章的供求分析和需求价格弹性知识点展开分析。

你还能够想到哪些可以禁止毒品的治理政策？针对每种治理措施，请运用供求图形分析可能产生的经济后果。

练习与思考

1. 想要在"双十一"促销活动期间大量购物而不用"剁手"吗？那得先好好学习经济学。"双十一"期间某校学生小谭在网上开始了他的购物。据此回答以下问题：

（1）假设某教辅资料是普通商品，某淘宝店平日里该商品的价格是50元，而销量稳定在1 000本每天。"双十一"当天该店将该教辅资料的价格提到80元后打五折，已知平日里该商品的价格销量弹性为 -0.8，求"双十一"时该商品的销量。

（2）假设在"双十一"当天购物者在不考虑价格降低影响下的购物热情都比平日高，那么需求曲线向左移动还是向右移动？

（3）假设一本教辅资料的成本为20元，求：应降价多少可以使小店获得最大利润？

（4）假设消费者被提价后降价的花招所迷惑，那么增加的销量为多少？假设弹性和原来相同。

（5）当消费者不仅被花招迷惑，而且因为热爱学习导致此时该教辅资料弹性为 -1.6，那么增加的销量为多少？

（6）判断该教辅资料和晨光文具是何种相关品。

（7）已知晨光文具销量对教辅资料价格变化表现出的弹性在（1）的情况下数值为 -0.5，假设晨光文具"双十一"不打折，而平时的销量为1 000件，那么该教辅资料打折后晨光文具的销量为多少？

（8）小谭妈妈的生日要到了，小谭决定趁"双十一"给妈妈购买一双手镯，已知手镯是奢侈品，画出奢侈品的收入需求图象。

（9）既然画了奢侈品的收入需求图象，就顺便画画劣等品的收入需求图象，并举例说明生活中有什么是劣等品。

（10）假设政府给学校饭堂的菜设置了低于均衡价格的价格上限，那么学校饭堂的菜会出现什么情况？解释其原因。

2. 已知某一时期内某商品的需求函数为 $Q_d = 50 - 5P$，供给函数为 $Q_s = -10 + 5P$。

（1）求均衡价格 P_e 和均衡数量 Q_e，并画出几何图形。

（2）假定供给函数不变，由于消费者收入水平提高，使需求函数变为 $Q_d = 60 - 5P$。求出相应的均衡价格 P_e 和均衡数量 Q_e，并画出几何图形。

（3）假定需求函数不变，由于生产技术水平提高，使供给函数变为 $Q_s = -5 + 5P$。求出相应的均衡价格 P_e 和均衡数量 Q_e，并画出几何图形。

（4）利用（1）、（2）和（3），说明静态分析和比较静态分析的联系和区别。

（5）利用（1）、（2）和（3），说明需求变动和供给变动对均衡价格和均衡数量的影响。

3. 假定表2-2是需求函数 $Q_d = 500 - 100P$ 在一定价格范围内的需求表。

表2-2 某商品的需求表

价格/元	1	2	3	4	5
需求量	400	300	200	100	0

（1）求出价格2元和4元之间的需求价格弧弹性。

（2）根据给出的需求函数，求 $P = 2$ 元时的需求价格点弹性。

（3）根据该需求函数或需求表画出几何图形，利用几何方法求出 $P = 2$ 元时的需求价格点弹性。这与（2）的结果相同吗？

4. 假定表2-3是供给函数 $Q_s = -2 + 2P$ 在一定价格范围内的供给表。

表2-3 某商品的供给表

价格/元	2	3	4	5	6
供给量	2	4	6	8	10

（1）求出价格3元和5元之间的供给价格弧弹性。

（2）根据给出的供给函数，求 $P = 3$ 元时的供给价格点弹性。

（3）根据该供给函数或供给表画出几何图形，利用几何方法求出 $P = 3$ 元时的供给价格点弹性。这与（2）的结果相同吗？

5. 图 2-16 中有三条线性的需求曲线 AB、AC 和 AD。

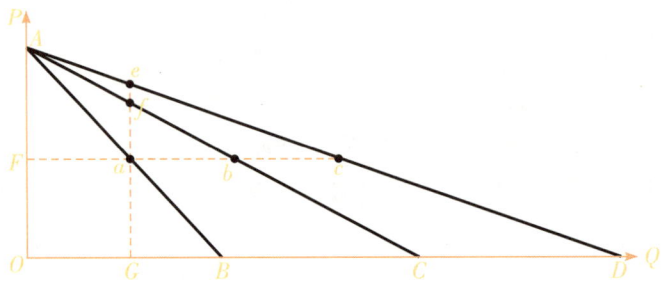

图 2-16 需求曲线

(1) 比较 a、b、c 三点的需求价格点弹性的大小。
(2) 比较 a、e、f 三点的需求价格点弹性的大小。

6. 假定某消费者关于某种商品的消费数量 Q 与收入 M 之间的函数关系为 $M=100Q^2$。

求：当收入 $M=6\,400$ 时的需求收入点弹性。

7. 假定在某市场上 A、B 两厂商是生产同种有差异的产品的竞争者；该市场对 A 厂商的需求曲线为 $P_A=200-Q_A$，对 B 厂商的需求曲线为 $P_B=300-0.5Q_B$；两厂商目前的销售量分别为 $Q_A=50$，$Q_B=100$。求：

(1) A、B 两厂商的需求的价格弹性 e_{dA} 和 e_{dB} 各是多少？
(2) 如果 B 厂商降价后，使得 B 厂商的需求量增加为 $Q'_B=160$，同时使竞争对手 A 厂商的需求量减少为 $Q'_A=40$。那么，A 厂商的需求的交叉价格弹性 e_{AB} 是多少？
(3) 如果 B 厂商追求销售收入最大化，那么，你认为 B 厂商的降价是一个正确的行为选择吗？

第三章

消 费 理 论

第三章由七节内容构成：第一节将简要概述效用论，第二节将介绍无差异曲线，第三节将介绍预算线。在此基础上，将进入第四节的重要内容——消费者均衡，它表明了在既定的偏好和收入预算条件下消费者的最优选择结果。第五节和第六节将会分别介绍价格和收入发生变化后，消费者的最优选择会如何发生变化，以及由此产生的替代效应和收入效应。在此基础之上，我们将由单个消费者的个人需求曲线过渡到市场需求曲线，由此形成第七节的内容。

第一节 效用概述

一、效用的概念

经济学家使用效用这一概念对人们的偏好进行建模。我们定义效用为一个人从他的经济行为中所获得的满足感。效用的概念不同于物品本身的使用价值，效用大小完全取决于个人偏好，没有客观标准。偏好实际是潜藏在人们内心的一种情感倾向，而每个人都有自己独特的偏好或倾向。

效用可以有两种测度方法，其中一种测度方法是基数效用，相当于试图对每次消费所获得的满足感进行量化评分。比如从 0～100 进行量化，消费不同商品，所获得的满足感程度分别有不同数值。比如从消费 A 中获得 90 单位效用，从消费 B 中获得 85 单位效用，从消费 C 中获得 80 单位效用，等等。这类估值，都是非常主观的评价结果。另外一种测度效用的方法是序数效用，它要求对不同东西做出一个排序。比如三种产品 A、B 和 C，如果消费者从这三种产品消费当中所获得的满足感程度有差异，可以做出一个排序，比方说 A 大于 B，B 又大于 C。在 19 世纪和 20 世纪初期，经济学家普遍使用基数效用概念，计量单位被称作效用单位。但是由于基数效用的量化很主观，面临着如何比较和量化取值的难题，因而到 20 世纪 30 年代，大多数经济学家转而使用序数效用概念。

然而，随着当代脑神经科学技术的进步，大脑核磁共振、脑电图等技术已经可以成功扫描大脑皮层和内部的激活程度。通过大脑区域被激活的亮度和区域面积，可以为效用提供一个非常科学和量化的经验证据。因而，前沿的脑神经经济学研究成果实际上表明，基数效用是可以有相应量化证据支撑的。

二、基数效用论和边际效用分析法

1. 边际效用递减规律

基数效用论者将效用区分为总效用（Total Utility）和边际效用（Marginal Utility），它们的英文简写分别为 TU 和 MU。总效用是指消费者在一定时间内从一定数量的商品的消费中所得到的效用量的总和。边际效用是指消费者在一定时间内增加一单位商品的消费所得到的效用量的增量。假定消费者对一种商品的消费数量为 Q，总效用是指消费者在一定时间内从消费中所得到的效用量总和。

$$TU = f(Q)$$

边际效用是指消费者在一定时间内增加一单位商品的消费所得到的效用量的增量。

$$MU = \frac{\Delta TU(Q)}{\Delta Q}$$

边际量是指一单位自变量的变化量所引起的因变量的变化量。

$$边际量 = \frac{因变量的变化量}{自变量的变化量}$$

边际效用递减规律是：一定时间内，在其他条件不变的情况下，随着消费者对某种商品消费量的增加，他从连续增加的每一消费单位中所得到的效用增量是递减的。

总效用和边际效用的关系示意图如图 3-1 所示。

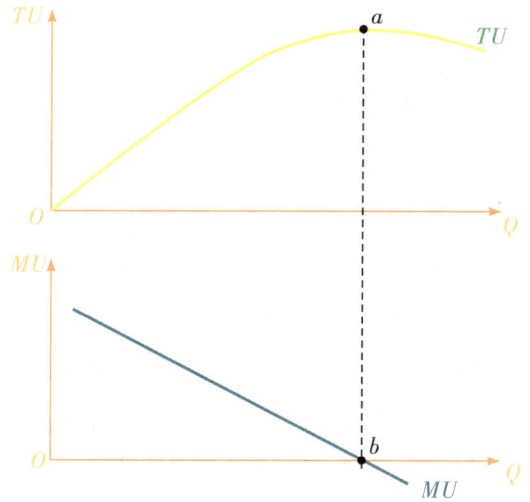

图 3-1 总效用和边际效用的关系示意图

图 3-1 中横轴表示商品的数量，纵轴表示效用量，TU 曲线和 MU 曲线分别为总效用曲线和边际效用曲线。由于边际效用被定义为消费品的一单位变化量所带来的总效用的变化量，又由于图中的商品消费量是离散的，所以，MU 曲线上的每一个值都记在相应的两个消费数量的中点上。在图 3-1 中，MU 曲线是向右下方倾斜的，它反映了边际效用递减规律；相应地，TU 曲线以递减的速率先上升后下降。当边际效用为正值时，总效用曲线呈上升趋势；当边际效用递减为零时，总效用曲线达到最高点；当边际效用继续递减为负值时，总效用曲线呈下降趋势。从数学意义上讲，如果效用曲线是连续的，则每一消费量上的边际效用值就是总效用曲线上相应的点的斜率。

2. 消费者均衡

消费者均衡是研究单个消费者如何把有限的货币收入分配在各种商品的购买中以获得最大的效用。也可以说，它是研究单个消费者在既定收入下实现效用最大化的均衡条件。这里的均衡是指消费者实现最大效用时既不想再增加，也不想再减少任何商品购买数量的这么一种相对静止的状态。效用最大化的均衡条件是：消费者的货币收入水平是固定的，各种商品的价格是已知的，那么，他应使自己所购买各种商品的边际效用与价格之比相等；或者说，他应当使自己花费在各种商品购买上的最后一元钱的边际效用相等。

$$P_1 X_1 + P_2 X_2 + \cdots + P_n X_n = I$$

$$\frac{MU_1}{P_1} = \frac{MU_2}{P_2} = \cdots = \frac{MU_n}{P_n} = \lambda$$

3. 需求曲线的推导

基数效用论者以边际效用递减规律和建立在该规律上的消费者效用最大化的均衡条件为基础推导消费者的需求曲线。商品的需求价格是指消费者在一定时期内对一定量的某种商品所愿意支付的最高价格。基数效用论者认为，商品的需求价格取决于商品的边际效用。具体地说，如果某一单位的某种商品的边际效用越大，则消费者为购买这一单位的该种商品所愿意支付的最高价格就越高；反之，如果某一单位的某种商品的边际效用越小，则消费者为购买这一单位的该种商品所愿意支付的最高价格就越低。由于边际效用递减规律的作用，随着消费者对某一种商品消费量的连续增加，该商品的边际效用是递减的，相应地，消费者为购买这种商品所愿意支付的最高价格即需求价格也越来越低。这意味着，建立在边际效用递减规律上的需求曲线是向右下方倾斜的，如图3-2所示。

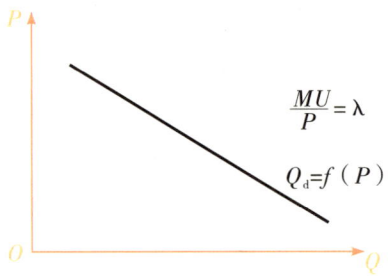

图3-2 需求函数的推导逻辑示意图

图3-2中的公式表示：消费者对任何一种商品的最优购买量应该是使最后一元钱购买该商品所带来的边际效用和所付出的这一元钱的货币的边际效用相等。

图3-2的横轴表示商品的数量，纵轴表示商品的价格，需求曲线是向右下方倾斜的，表示商品的需求量随商品价格的上升而减少，随着商品价格的下降而增加，即商品的需求量与商品的价格呈现反方向变动。基数效用论者在对消费者行为的分析中，运用边际效用递减规律的假定和消费者效用最大化的均衡条件，就可以推导出单个消费者的需求曲线，同时，这也解释了需求曲线向右下方倾斜的原因，而且说明了需求曲线上的每一点都是满足消费者效用最大化均衡条件的商品的价格—需求量组合点。

4. 消费者剩余

在消费者购买商品时，一方面，消费者对每一单位商品所愿意支付的最高价格取决于这一单位商品的边际效用。由于商品的边际效用是递减的，所以，消费者对某种商品所愿意支付的最高价格是逐步下降的。另一方面，消费者对每一单位商品所愿意支付的最高价格并不等于该商品在市场上的实际价格。实际上，消费者是按实际的市场价格来购买商品。于是，在消费者愿意支付的最高价格和实际市场价格之间就产生了一个差额，这个差额便形成消费者剩余。

第二节 无差异曲线

一、关于偏好的假定

序数效用论者认为，商品给消费者带来的效用大小应用顺序或等级来表示。

所谓偏好，就是爱好或喜欢的意思。

序数效用论者认为对于各种不同的商品组合，消费者的偏好程度是有差别的，这种差别反映了消费者对不同的商品组合效用水平的评价。

关于消费者偏好的三个基本假定：偏好的完全性、偏好的可传递性、偏好的非饱和性。偏好的这三个假定，构成了理性经济人假设的重要支撑。

偏好的完全性是指，在两种物品 A 和 B 之间一个人能够清楚地说出"我认为 A 比 B 好"或"我认为 B 比 A 好"或"A 和 B 对我有着同样的吸引力"。当此人无法决定哪个更好时，我们希望这不是他感觉麻木或反应迟钝造成的，而是认为"A 和 B 等同"就是他对潜在可能消费的内心看法的准确陈述。我们假定偏好是完备的①——人们总能在两种可选之物面前做出抉择。

偏好的可传递性是指，如果一个人说"A 和 B 之间喜欢 A"，"B 和 C 之间喜欢 B"，那他也应该说"在 A 和 C 之间喜欢 A"。如果此人反而说"A 和 C 之间喜欢 C"，那么这一说法就违背了偏好的可传递性假设。

偏好的非饱和性通俗来讲就是"多多益善"，认为物品数量越多带来的效用越大。这意味着，对于该物品的消费，消费者从新增加每单位消费量中均能获得正的效用，一直没有达到饱和满足的状态。

二、无差异曲线及其特点

无差异曲线是用来表示使消费者达到同样效用水平的两种商品的所有组合。因而对于无差异曲线上的任何一点，表示他拥有这条曲线上的相应消费组合时，给他带来

---

① 完备偏好：假定一个人能够说出在任意两个可选物间偏好哪个。

的满足感都是一样的。

图3-3画了三条无差异曲线，在第一象限中其实包含着很多条类似的曲线，每条都对应着一个不同的效用水平。因为两种物品的组合必然产生某一水平的效用，每个点必然有一条（且只有一条）无差异曲线穿过它。这些曲线类似于地形图上的等高线，每条代表着与其他效用水平不同的"海拔"。这些曲线中的三条被画出来并被标记为 I_1、I_2、I_3。

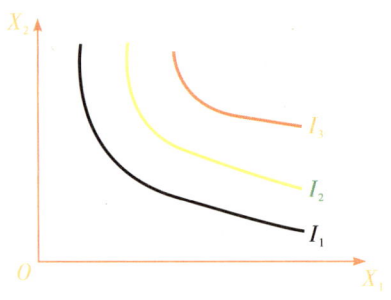

图3-3　无差异曲线示意图

图3-4中的无差异曲线标识没有特殊的含义，只是为提示当我们从 I_1 上的物品组合移动到 I_2 上，然后到 I_3 上时，效用水平是逐渐递增的。这样一种逐渐递增的程度，是可以满足前面关于偏好的三个基本假定的。

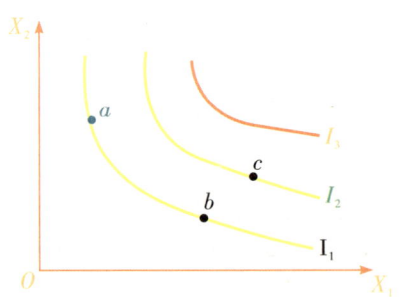

图3-4　不同位置的效用比较示意图

我们也可以通过函数来表示效用水平。具体来说，效用函数表示某一商品组合给消费者所带来的效用水平。

$$U = f(X_1, X_2)$$
$$U = f(X_1, X_2) = U_0$$

三、商品的边际替代率

1. 边际替代率

两种商品的数量组合会不断地发生变化，而效用水平却保持不变。这就说明，在维持效用水平不变的前提条件下，消费者在增加一种商品的消费数量的同时，必然会放弃一部分另一种商品的消费数量，即两种商品的消费数量之间存在着替代关系。由此，经济学家建立了商品的边际替代率（Marginal Rate of Substitution，MRS）的概念。具体来说，当维持效用水平不变时，消费者增加某种商品消费数量时必须放弃另外一种商品消费数量，则称为商品的边际替代率，用公式可表示如下：

$$MRS_{12} = -\frac{\Delta X_2}{\Delta X_1}$$

2. 边际替代率递减规律

由于存在着边际效用递减规律，因而对于边际替代率也同样呈现出递减规律，具体来说，在维持效用水平不变的前提下，随着一种商品的消费数量的连续增加，消费者为得到每一单位的这种商品所需要放弃的另一种商品的消费数量是递减的。原因在于，随着一种商品的消费数量的逐步增加，消费者想要获得更多的这种商品的愿望就会递减，从而，他为了多获得一单位的这种商品而愿意放弃的另一种商品的数量就会越来越少。从几何意义上讲，由于商品的边际替代率就是无差异曲线的斜率的绝对值，所以，边际替代率递减规律决定了无差异曲线的斜率的绝对值是递减的，即无差异曲线是凸向原点的。如图3-5所示，消费者为得到每一单位 X_1 商品所要放弃 X_2 商品消费数量是递减的。

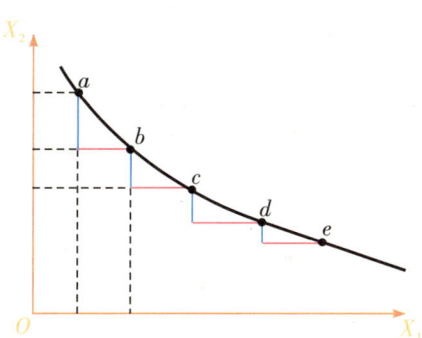

图3-5 边际替代率递减示意图

四、无差异曲线的形状

无差异曲线的形状表明在维持效用水平不变的前提下一种商品对另一种商品的替代程度。由边际替代率递减规律决定了无差异曲线的形状是凸向原点的,这是无差异曲线的一般形状。

下面两种极端的情况,相应的无差异曲线有着特殊的形状。

(1) 完全替代品情况。完全替代品情况指两种商品之间的替代比例是固定不变的情况。因此,在完全替代的情况下,两商品之间的边际替代率就是一个常数,相应的无差异曲线是一条斜率不变的直线。具体如图 3-6 所示。

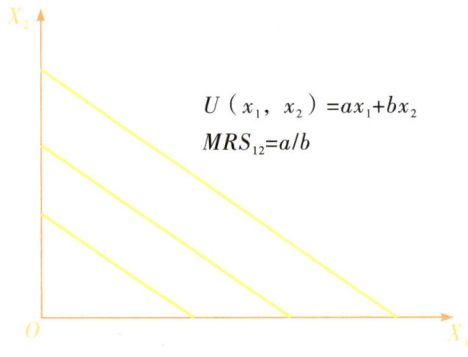

图 3-6 完全替代的无差异曲线示意图

(2) 完全互补品情况。完全互补品情况指两种商品必须按固定不变的比例同时被使用的情况。因此,在完全互补的情况下,相应的无差异曲线为直角形状。例如一副眼镜架必须和两片眼镜片同时配合,才能构成一副可供使用的眼镜。具体如图 3-7 所示。

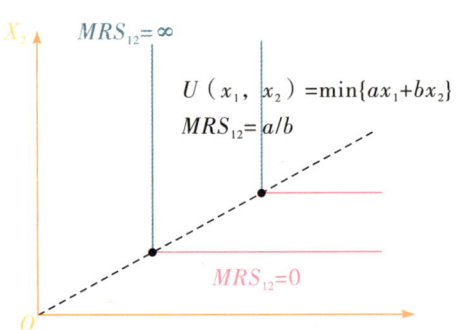

图 3-7 完全互补的无差异曲线示意图

第三节　预算线

一、预算线的含义

正如前面所述及，理性经济人的决策行为都在既定约束条件下寻求最优选择。预算线所表达的就是个体所面临的约束条件。

对于消费者来说，假如消费者的收入为 I，它可以用于消费两种产品 X_1 和 X_2，如果全部现有收入花在物品 X_1 上，可以买到的 X_1 的数目记为 $X_{1\,max}$。如果全部现有收入用来买 X_2，可以买到的数量记为 $X_{2\,max}$。连接 $X_{1\,max}$ 和 $X_{2\,max}$ 的直线代表使用现有全部资金可以买到的 X_1 和 X_2 的组合。预算线下面的阴影部分也是可行的，但这些点上资金没有全部用完。

预算线的负斜率表明要想买更多 X_1，就得削减 X_2 的购买。斜率的具体数值依赖于两种物品的价格。如果 X_2 贵而 X_1 便宜，直线会相对平坦，因为少买一单位 X_2 可以买到更多单位的 X_1。例如，一个人如果决定少买一身名牌西装可以多买很多双袜子。反过来，如果 X_2 相对便宜而 X_1 较贵，预算线会较陡峭，减少 X_2 的消费买不了多少 X_1。

二、预算约束线的代数表达

假设一个人有 I 元用来买 X_1 或 X_2，P_1 是物品 X_1 的价格，P_2 是物品 X_2 的价格。花在 X_1 上的总金额等于 X_1 的价格乘以购买的数量（$P_1 \cdot X_1$）。类似地，（$P_2 \cdot X_2$）代表物品 X_2 的支出。因为所有收入必须花在 X_1 或 X_2 上，于是以下等式：

$$\text{花费在 } X_1 \text{ 上的金额} + \text{花费在 } X_2 \text{ 上的金额} = I$$

或者

$$P_1 \cdot X_1 + P_2 \cdot X_2 = I$$

简单来说，预算线表示在收入和价格给定的条件下，消费者全部收入能购买到的两种商品的各种组合。

$$X_2 = -\frac{P_1}{P_2}X_1 + \frac{I}{P_2}$$

图 3-8 的阴影部分区域（包括直角三角形的三条边），被称为消费者的预算可行集或预算空间。

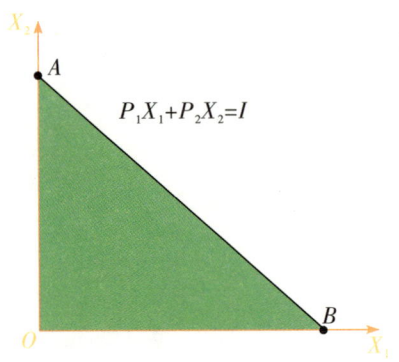

图 3-8 预算线示意图

三、预算线的变动

第一种：P_1 和 P_2 都不变，收入 I 发生变化。这时，相应的预算线的位置会发生平移。其理由是，P_1 和 P_2 不变，意味着预算线的斜率保持不变。于是，I 的变化只能使得预算线的横、纵截距发生变化。

第二种：收入 I 不变，P_1 和 P_2 同比例同方向变化。这时，相应的预算线的位置也会发生平移。其理由是，P_1 和 P_2 同比例同方向的变化，并不影响预算线的斜率，而只能使预算线的横、纵截距发生变化。

第三种：收入 I 不变，P_1 发生变化而 P_2 保持不变。这时，预算线的斜线会发生变化，预算线的横截距也会发生变化，但是，预算线的纵截距保持不变。

第四种：收入 I 与 P_1 和 P_2 都同比例同方向变化。这时预算线不发生变化。其理由是，此时预算线的斜率，以及预算线的横截距和纵截距都不会发生变化。这表示消费者的全部收入用来购买任何一种商品的数量都未发生变化。

预算线的变动如图 3-9 所示。

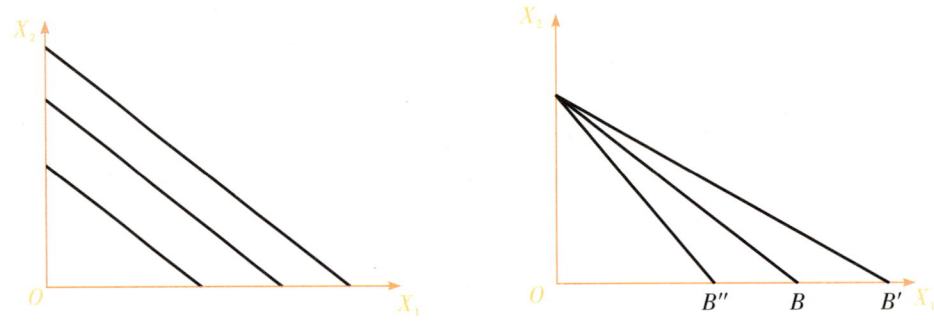

图 3-9 预算线变动的示意图

第四节 消费者均衡

一、最优购买行为

最优购买行为必须满足的条件：购买的组合是消费者最偏好的商品组合，最优购买组合位于给定的预算线上。只有当既定的预算线 AB 和无差异曲线 U_2 相切于 E 点时，消费者才能获得最大的满足。如图 3-10 所示。

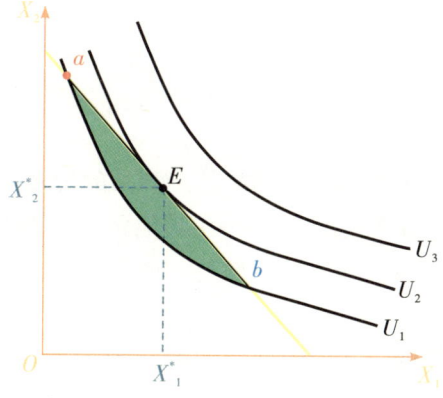

图 3-10 消费者均衡的示意图

二、均衡点和均衡条件

为了实现最大的效用，消费者应选择最优的商品组合，使得两种商品的边际替代率等于两种商品的价格之比。或者换句话说，同样一块钱，购买商品 1 所获得的边际效用，正好等于购买商品 2 的边际效用时，此时消费者就达到最优的消费均衡选择结果。

在均衡点上，用一单位某种商品去交换另一种商品的数量，等于市场用一单位商品交换另一种商品的数量。如果用数学公式来表示的话，具体如下：

$$|MU_1 \cdot \Delta X_1| = |MU_2 \cdot \Delta X_2|$$

$$MRS_{12} = -\frac{\Delta X_2}{\Delta X_1} = \frac{MU_1}{MU_2}$$

$$MRS_{12} = \frac{MU_1}{MU_2} = \frac{P_1}{P_2}$$

或 $\dfrac{MU_1}{P_1} = \dfrac{MU_2}{P_2} = \lambda$

第五节 价格变化和收入变化的影响

一、价格—消费曲线

消费者均衡是一个静态的均衡选择结果。当产品的价格或者收入水平发生变化时，最优的消费组合也会随之发生变化。因此，在其他条件不变时，与某一种商品不同价格水平相联系的消费者效用最大化均衡点轨迹，就可以构成价格—消费曲线。

二、消费者的需求曲线

个人需求曲线刻画了其他条件不变时物品需求量（比如 X）与价格（P_X）之间的关系。其他条件不变的假设不仅意味着个人偏好是不变的，也还意味着其他经济因素（也即 P_Y 和 I）保持不变。换句话说，我们可以在保持收入不变、个体消费偏好不变、其他产品价格 P_Y 也不变的条件下，通过改变 P_X 的价格，由消费者均衡的最优选择，得到商品 X 价格变动时相应的最优消费数量，由此我们可以推导出个人需求曲线。具体图形推导过程如图 3-11 所示。换句话说，向下倾斜的需求曲线，同样是消费者在约束条件下的最优选择结果。此时，需求曲线上对应的需求量都是给消费者带来最大效用的均衡数量。

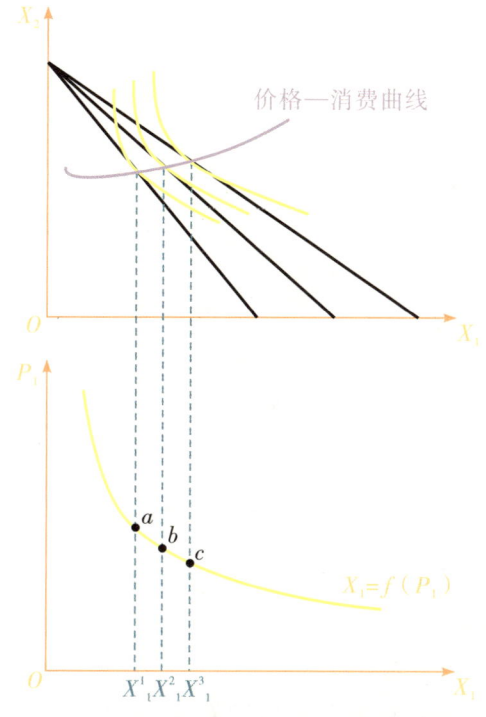

图 3-11 由消费者均衡变动推导出需求曲线

三、收入—消费曲线

价格—消费曲线考察的是个体偏好不变、收入不变和其他商品价格不变的情形下，一种商品价格变动和相应最优消费量的组合。与此相反，当个体偏好不变、两种商品相对价格不变，收入发生变化时，相应最优消费水平变动的轨迹组合就是收入—消费曲线。它把代表与全部可能的消费者货币收入和相应的均衡市场消费量的点连接成一条曲线。这条曲线可以用于推导恩格尔曲线。

两种商品的价格水平之比为常数意味着预算线的斜率固定不变。随着人们收入水平的变动，消费可能线会发生平行移动。每一条预算线均会与一条无差异曲线相切，其切点就是消费者的最佳消费均衡点，也就是两种商品的最佳购买组合点，把这些点连接起来就形成商品的收入—消费曲线。具体如图 3-12 所示。

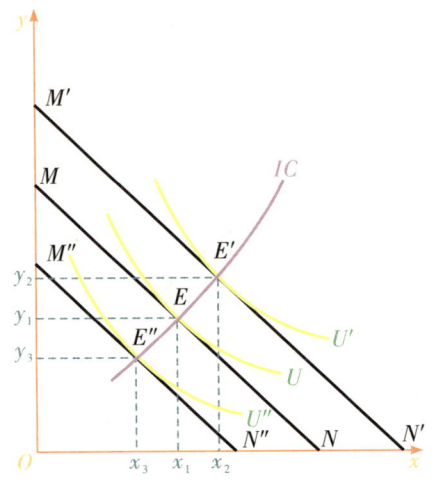

图 3-12 收入—消费曲线

收入—消费曲线是在商品价格不变的条件下,连接消费者在不同收入水平上所形成的消费者均衡点移动的轨迹。

在图 3-12 中,当消费者原有收入为 I 时,无差异曲线 U 和预算约束线相切于 E 点,消费者对 A 商品和 B 商品的购买量分别为 O_x 和 O_y。现假定消费者的收入提高到 I_1,则预算约束线向外平行移动到 $M'N'$,与另一条更高的无差异曲线 U' 相切于 E' 点。这表明消费者因收入增加而获得的效用增加到 E' 点。此时,消费者对 A 商品和 B 商品的购买量分别为 O_{x2} 和 O_{y2}。相反,如果假定消费者的收入下降,则预算约束线向内平行移动到 $M''N''$,与一条水平更低的无差异曲线 U'' 相切于 E'' 点。这表明消费者因收入减少使获得的效用减少到 E'' 点,此时,消费者对 A 商品和 B 商品的购买量分别减少为 O_{x3} 和 O_{y3}。这种由于消费者收入的变动所导致的商品购买量变化的现象,称为收入效应。如果我们把各个消费者均衡点 E'、E、E''……连接起来,就可形成一条平滑的曲线,即收入—消费曲线,这就是图中的曲线 IC。从图 3-12 中可以看出,当消费者的收入发生变化,就会引起消费者均衡点的改变。但不管消费者的收入发生什么样的变化,只要是在收入—消费曲线上的任何一点,都表示与收入水平相对应的能获得最大化效用的商品最佳组合。

在图 3-12 中,收入—消费曲线是向右上方倾斜的,斜率为正。这表明商品的需求量随着收入的增加而增加,随着收入的减少而减少,需求收入弹性为正值。如果某种类型的商品的需求量与人们的收入呈现同方向变化,这种商品被称为正常商品。如大多数的工业消费品和高档商品。当消费者的收入增加时,他们想购买更多的产品。正常商品具有正的收入效应。

但在有些情况下,消费者的收入增加后,对某种商品的购买量不但没有增加,反而减少,需求的收入弹性为负值,那么这类商品被称为劣质商品,或者低档商品。在这里,"劣质"或者"低档"并不含贬义,这不是对商品本身的划分,而是相对于个人收入变化的划分。例如,在有些地区,当人们收入水平较低时,是以土豆作为主食。而当他们的收入提高时,他们会增加对玉米或小麦的消费,而减少对土豆的消费。此时,土豆对于他们来说是劣质商品或者低档商品。图3-13展示了劣质商品的收入—消费曲线。劣质商品或者低档商品,往往因人而异。对于某些人来说是低档商品或者劣质商品,而对于另外一些人来说可能就是正常商品。

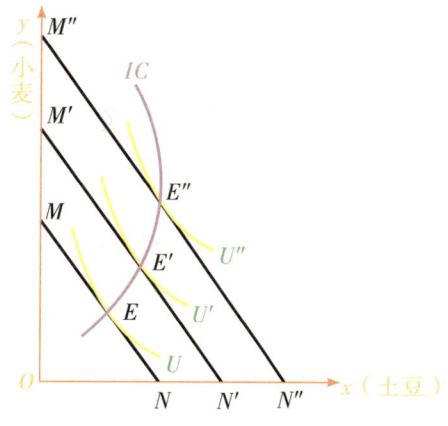

图3-13 收入—消费曲线

四、恩格尔曲线

关于消费者行为最重要的概括之一是:随着收入的增加,花费在食物上的支出占总体收入的比例会相应地下降。这一现状被称为恩格尔法则,最先由19世纪普鲁士经济学家恩斯特·恩格尔(Ernst Engel,1821—1896)发现。表3-1与表3-2的数据对比也证实恩格尔法则——甚至当下美国低收入消费者比19世纪比利时人更富裕,也如所预期那样,在食物支出上的花费占家庭总收入比重更小。

表3-1 比利时家庭花费在不同项目上的支出占总支出的比例(1853年)

支出项目	年收入(单位:美元)		
	225~300	450~600	750~1 000
食物	62.0%	55.0%	50.0%
衣服	16.0%	18.0%	18.0%
住房、照明和燃料	17.0%	17.0%	17.0%
服务(教育、法律、保健)	4.0%	7.5%	11.5%
娱乐	1.0%	2.5%	3.5%
总计	100.0%	100.0%	100.0%

数据来源:马歇尔. 经济学原理[M]. 8版. 伦敦:麦克米伦,1920:97. 某些项目进行了加总处理。(原表参见:马歇尔. 经济学原理:上卷[M]. 朱志泰,译. 北京:商务印书馆,1964:135.)

表 3-2　美国消费者花费在不同项目上的支出占总支出的比例（2002 年）

支出项目	年收入（单位：千美元）		
	20~25	50~70	100 以上
食物	15.2%	13.0%	12.4%
衣服	4.3%	4.1%	4.6%
住房	33.6%	30.4%	31.0%
其他	46.9%	52.5%	52.0%
总计	100.0%	100.0%	100.0%

数据来源：美国劳工统计局网站 http://stats.bls.govlcex/csxann02.pdf.

第六节　替代效应和收入效应

价格变化对消费者需求的影响可以分为两部分。

第一部分是 P_{X_1} 下降增加了消费者的真实收入。消费者购买与以前一样的物品组合后，收入还有剩余。如果 X_1 是正常商品，消费者会用余下的钱购买更多的 X_1。这称为 P_{X_1} 下降的收入效应（income effect）。

第二部分则是当 P_{X_1} 降低时，相对于另外一种商品 X_2 来说，X_1 商品变得相对便宜了，即使真实收入或效用保持不变，X_1 的购买量也会增加。这称为价格变化的纯替代效应（pure substitution effect）。

一、效应的含义

一种商品的价格变化的影响：使消费者实际收入水平发生变化，使商品相对价格发生变化。

$$总效应 = 替代效应 + 收入效应$$

收入效应：由价格变动所引起的实际收入水平变动，进而所引起的商品需求量变动。替代效应：由价格变动所引起的商品相对价格变动，进而所引起的商品需求量变动。

二、正常物品的替代效应和收入效应

物品 X_1 和 X_2 的购买量均随着收入的增加而增加。遵从这种趋势的物品均被称为正常物品（normal goods）①。大多数物品看起来都是正常物品——随着收入增加，人们实际上倾向于对每种物品都购买得更多。

当价格发生变化时，对人们的消费选择有两层影响。替代效应发生在消费者依旧将消费组合选择定位于原来的无差异曲线上，而此时的边际替代率等于新的两种物品的价格比率。而收入效应则与价格变化导致的实际购买力变化相关。消费者可能移动到新的无差异曲线上，以便与新的实际购买力保持一致。

当商品价格发生变化引起实际收入水平变化时，补偿预算线是表示以假设货币收入增减来维持实际收入水平不变的一种分析工具。如图 3-14 所示，当商品 X_1 的价格下降时，预算线向外转动，最优消费组合由原来的 a 点变动到 b 点。因此从 a 点到 b 点是价格变动后的总效应。而替代效应则要求变动后的预算线平移直至与原来的无差异曲线相切，相交于 c 点，此时平移后的直线 FG 称为补偿预算线。补偿预算线与原来无差异曲线相切点于 c 点。a 点变动到 c 点则称为替代效应，具体如图 3-14 所示。而由 c 点到 b 点，可以视为是在新价格水平条件下，由于消费者的实际购买能力增加而得到的，因此 c 点到 b 点之间称为收入效应，具体如图 3-15 所示。

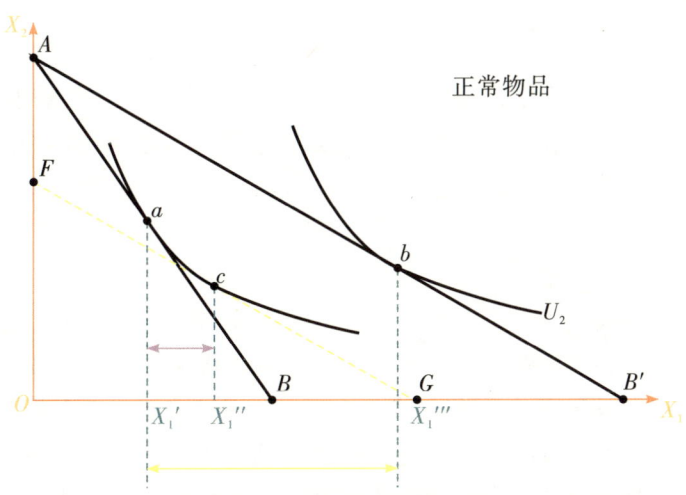

图 3-14 正常物品的替代效应

---

① 正常物品：随着收入增长而购买得更多的物品。

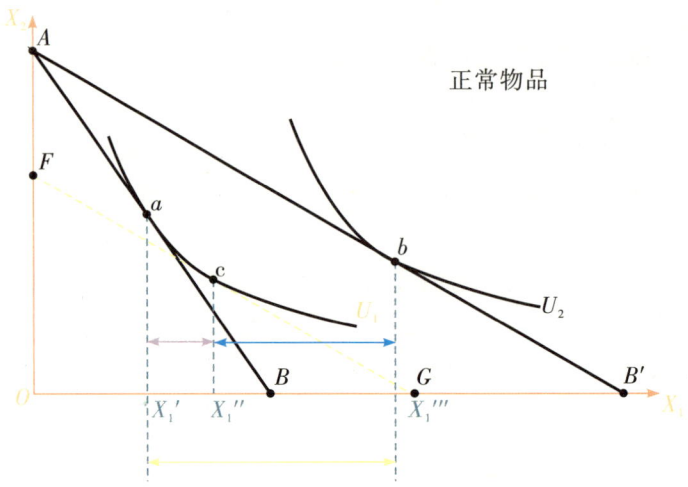

图 3-15　正常物品的收入效应

由图 3-14 和图 3-15 我们可以看出，价格下降时，替代效应为正，收入效应也为正。由此可推断出，价格上升时，替代效应为负，收入效应也为负。这说明，对于正常商品来说，替代效应和收入效应与价格是呈现反方向变动的，总效应也跟价格呈反方向变动。

三、吉芬物品

如前所述，对于个人来说，随着个人收入的增加，某些物品的需求量反而减少了。比如劣等的威士忌、土豆和二手衣服等，这类物品我们称之为低档物品。然而，经济学当中还有另外一种特殊的产品，它的需求量会随价格同方向变动，价格越低，消费量越少；价格越高，消费量反而增加。这类特殊产品我们称之为吉芬物品，它是一种特殊的低档商品。

吉芬物品在价格发生变化时其收入效应和替代效应如图 3-16 所示。消费者在既定收入约束条件下的最优消费组合如 a 点所示。当商品 X_1 的价格下降时，预算线向外转动，但由于消费者对于商品 X_1 存在特殊偏好，此时消费者对于商品 X_1 的消费点反而减少至 b 点。这样一种总效应，主要是由低档商品的收入效应远远超过了商品的替代效应导致的结果。具体来看，由变动后的预算线向内平移可与原来的无差异曲线相切于 c 点，此时 a 点到 c 点反映的是商品 X_1 价格下降之后的替代效应，它与价格是反方向的。但是由于商品 X_1 是低档商品，随着收入增加消费者反而会减少对它的消费。因而价格下降导致消费者实际购买能力增加的过程，也即过 c 点的预算线向外平移至过 b 点的预算线过程，此时消费者对于商品 X_1 的消费量是大幅减少。这一个实际购买能力增加导致的负向收入效应远远超过了价格下降导致的正向替代效应，最终表现为价格下降消费量也随之下降的特殊现象。

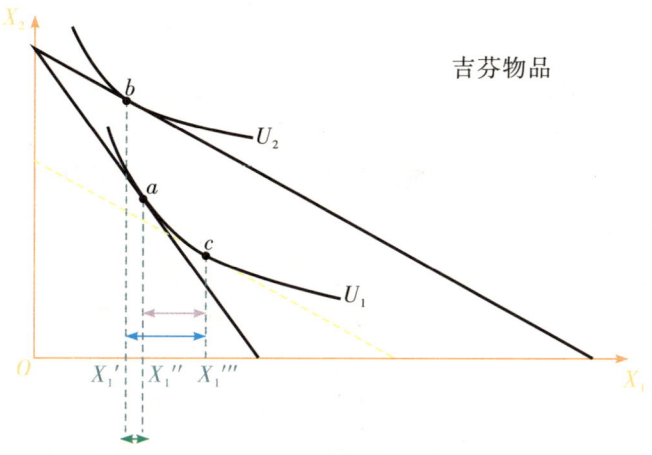

图3-16 吉芬物品的收入效应和替代效应

吉芬物品是不是否定了经济学非常重要的需求规律呢？正如前面所述，价格越高，需求量越少；价格越低，需求量越大。这就是通俗易懂而又至关重要的需求定律，它也是消费者在既定约束条件下实现最优选择结果的体现。而吉芬物品恰恰表明了与之相反的一种特殊现象：价格越低需求量越少，价格越高需求量反而越高。经济学家曾一度被吉芬物品难题给难住了。一些学者认为吉芬物品应该当成一种特例，著名的经济学家张五常教授则认为，吉芬物品只可能存在于鲁滨孙一人的世界里面，不可能存在于多人的社会活动当中。究竟应该如何正确看待吉芬物品呢？正如我们前面所述及，低档物品是因人而异的。同样一件产品，对于某些人来说是低档的，但是对于另外一些人来说可能是必需的，即正常物品。从这一个角度来看，吉芬物品只在个人意义上有可能出现，在群体或者社会层面上是不会存在的。

第七节 从单个需求曲线到市场需求曲线

一、市场需求函数

市场需求量是每一价格水平该商品所有个人需求量加总。如果我们整个市场是由 N 个消费者所构成，每个消费者在不同价格水平下均有不同的消费数量，那么我们可以在每个价格水平上加总每个消费者的消费数量，由此得到如下市场需求函数：

$$Q_d = \sum_{i=1}^{n} f_i(P) = F(p)$$

二、市场需求曲线

市场需求曲线表明了当其他影响需求的因素不变时，商品价格和其需求总量之间的关系。市场需求曲线的形状和位置由涉及商品的个人需求曲线的形状决定。市场需求无非是众多消费者的经济行为共同作用的结果。

市场需求曲线是每个人需求曲线的水平加总。在每一个可能的价格下，我们找出每个人的需求量，然后将这些数量加总即可得到整个市场的需求量。需求曲线总结了在其他条件相同的情况下，需求量 X 和商品价格之间的关系。如果影响需求的其他因素不变，需求曲线的位置会保持固定，这时的需求曲线反映了人们作为一个整体如何对价格变化做出反应。

我们可以通过表 3-3 和图 3-17 来看看如何由个人需求曲线加总得到市场需求曲线。

表 3-3　市场需求曲线的示例

商品价格（1）	消费者 A 的需求量（2）	消费者 B 的需求量（3）	市场需求量(4)=(2)+(3)
0	20	30	50
1	16	24	40
2	12	18	30
3	8	12	20
4	4	6	10
5	0	0	0

$$D(P) = \sum_{i=1}^{n} D_i(P)$$
$$i = 1, 2, \cdots, n$$

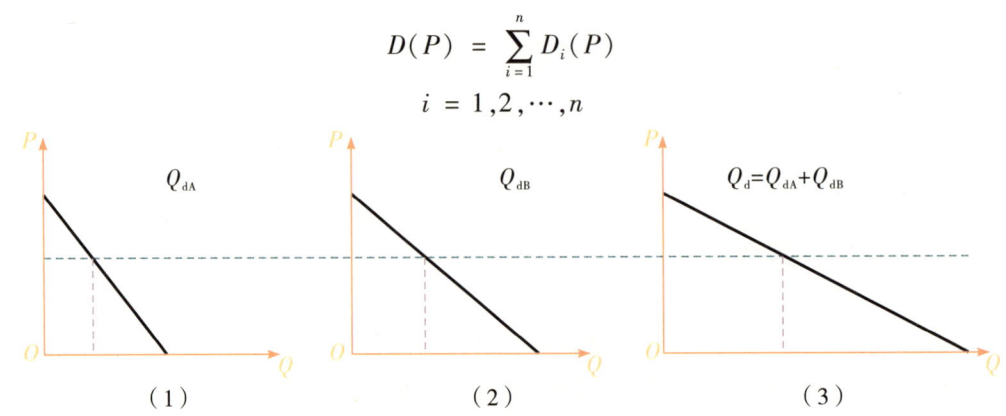

图 3-17　从个人需求曲线到市场需求曲线

市场是由 A 和除了 A 之外的所有其他消费者构成，我们把除了 A 之外的所有其他消费者表示为 B，此时 A＋B 就可以得到整个市场的需求量。对于每个可能的价格水平，消费者 A 有不同的需求量，B 也有不同的需求量，此时，简单加总每一个可能价格水平下 A 和 B 的需求量，就可以得到整个市场的需求量。由此也容易推导得到图 3－17 中的第三个图形。

练习与思考

1. 请画出以下各位消费者对两种商品（咖啡和热茶）的无差异曲线，同时请对（2）和（3）分别写出消费者 B 和消费者 C 的效用函数。

（1）消费者 A 喜欢喝咖啡，但对喝热茶无所谓。他总是喜欢有更多杯的咖啡，而从不在意有多少杯热茶。

（2）消费者 B 喜欢一杯咖啡和一杯热茶一起喝，他从来不喜欢单独喝咖啡，或者单独喝热茶。

（3）消费者 C 认为，在任何情况下，1 杯咖啡和 2 杯热茶是无差异的。

（4）消费者 D 喜欢喝热茶，但讨厌喝咖啡。

2. 已知某消费者的效用函数为 $U = X_1 X_2$，两商品的价格分别为 $P_1 = 4$，$P_2 = 2$，消费者的收入是 $M = 80$。现在假定甲商品的价格下降为 $P_1 = 2$。求：

（1）由甲商品的价格 P_1 下降所导致的总效应，使得该消费者对甲商品的购买量发生多少变化？

（2）由甲商品的价格 P_1 下降所导致的替代效应，使得该消费者对甲商品的购买量发生多少变化？

（3）由甲商品的价格 P_1 下降所导致的收入效应，使得该消费者对甲商品的购买量发生多少变化？

3. 已知一件衬衫的价格为 80 元，一份肯德基快餐的价格为 20 元，在某消费者关于这两种商品的效用最大化的均衡点上，一份肯德基快餐对衬衫的边际替代率 MRS 是多少？

4. 对消费者实行补助有两种方法：一种是发给消费者一定数量的实物补助；另一种是发给消费者一笔现金补助，这笔现金金额等于按实物补助折算的货币量。试用无差异曲线分析法，说明哪一种补助方法能给消费者带来更大的效用。

5. 思考：人的生存必须依赖于水，却不必依赖于钻石。水对人的重要性显然大于钻石，但是为什么人们愿意为钻石付出大量的钱而不愿意为水付出大量的钱？

第四章

生 产 理 论

第四章由四节内容构成。第一节简要概述一种可变生产要素的生产函数,第二节是介绍两种可变生产要素的生产函数,第三节则介绍等成本线,第四节介绍最优的生产要素组合。

第一节　一种可变生产要素的生产函数

一、生产函数的表示方式

正如消费者是在既定收入约束条件下追求效用最大化,作为生产者,也同样是在既定资源约束条件下追求利润最大化。最终目标都是为了最大化,所不同的是,消费者用收入购买产品是为了满足自身消费,而生产者用资金购买劳动力或者机器设备等是用于生产或者扩大再生产。对于消费者,我们是通过效用函数来刻画消费者消费产品所获得的满足感,与此相类似,我们用生产函数来刻画生产者购买劳动力、厂房或机器设备等资本所获得的生产目标,具体公式表示为:

$$Q = f(K, L)$$

其中 L 表示用于生产的劳动力,K 代表厂房和机器设备等资本量,Q 表示生产所得到的产量。在这样一个表达式当中,Q 是企业的生产目标,K 和 L 则是企业的投入要素。短期来看,生产者改变厂房,购买或者处置机器设备等需要时间,因而短期内资本量 K 固定不变,而劳动力 L 则可变。而长期来看,K 和 L 均可变化。这意味着,长期来看,当劳动力 L 的工资水平 w 发生变化,资本 K 的价格 r 发生变化时,追求利润最大化的生产者会在既定的资金约束条件下,合理配置相应的劳动力和资本量,以达到其利润最大化的目的。而在短期，由于资本量变化需要时间，所以短期内生产者主要通过调整劳动力投入数量来实现利润最大化。

为什么说通过改变劳动力和资本投入量就可以实现利润最大化呢？其背后的逻辑在于，企业利润最大化同样是在既定的成本约束条件下实现的。当成本一定，产品市场价格给定——完全竞争市场的产品价格是由市场供求决定而非企业自主决定——这时企业只有尽可能地增加产量 Q，才可以使自己实现利润最大化的目标。

在这一节当中，我们先考虑短期情形，即 K 保持一定，而 L 可变时，考察 L 和 Q 之间的关系；在第二节，我们将再进一步考察长期情形，即两种投入要素均可变化的情形。当 K 是一个固定量，上述公式就可以转化为一个一元函数方程，即 $Q = F(L)$。在这样一个方程基础上，我们可以讨论总产量、平均产量和边际产量之间的关系。

二、总产量、平均产量和边际产量

总产量（Total Product，TP）是指投入总劳动力 L 所得到的产量 Q。平均产量（Average Product，AP）是指平均每单位劳动力 L 所生产的产量。边际产量（Marginal Product，MP）是指新增加一单位劳动力 L 所增加的产量增量。

根据这三者的定义，我们可以得到如下三者的关系，以及如图 4-1 所示的情形。

边际产量和总产量的关系是：

（1）当边际产量为正时，总产量上升。

（2）当边际产量为零时，总产量达到最高值。

（3）当边际产量为负时，总产量开始下降。

边际产量和平均产量的关系是：

（1）当边际产量高于平均产量时，平均产量会上升。

（2）当边际产量等于平均产量时，平均产量达到最大值。

（3）当边际产量低于平均产量时，平均产量会下降。

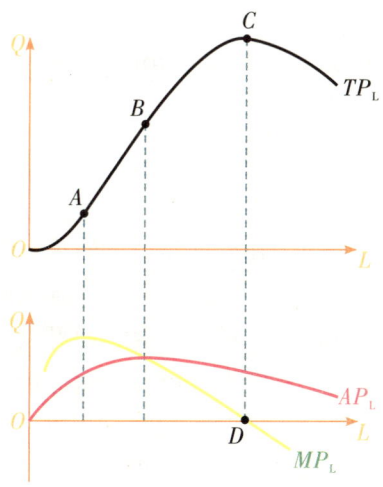

图 4-1 总产量、平均产量和边际产量的关系

三、边际报酬递减规律

在消费者消费产品过程当中，存在着边际效用递减的规律。同样地，生产者在使用投入要素进行生产时，也会面临边际报酬递减规律。换句话说，其他条件不变，持续不断地增加某一个投入要素（劳动力或者资本量），此时该投入要素的边际产量是

在不断递减的。最早发现这样一个经济规律的，是18世纪后半叶法国古典经济学家、重农学派代表人物安尼·R. 杜尔哥，他对于土地的劳动力投入产量有一段精微的论述：超过这一点，如果我们继续增加投资，则产品产量也会增加。但增加得较少，而且将是越来越少，直到土地的肥力被耗尽，耕作技术也不会再使土地生产能力提高时，投资的增加就不会使产品产量有任何提高了。

试想一下，假如边际报酬递减规律不成立会出现怎样一种现象？那就意味着，我们可以持续不断地在一亩①地或者一平方米土地上不停地追加劳动力投入，而其边际产量还会持续增加，那这样一小块地的粮食产量就可以满足全中国甚至全世界人民的基本粮食生活需要。遗憾的是，在现实生活当中并没有这样一块神奇的土地。这反过来印证了边际报酬递减规律是一个非常客观的经济规律。

第二节　两种可变生产要素的生产函数

一、生产函数和等产量线

如前所述，两种生产要素可变时，此时生产函数产量 Q 可以表示为劳动力 L 和资本量 K 的函数，具体可表示为 $Q = f(K, L)$。回忆一下，我们在有关效用论的第三章当中，是通过消费者消费两种产品的不同组合构建出消费者的无差异曲线的，同样地，生产者可以通过合理配置不同的劳动力和资本量组合，由此形成同样产量的等产量线。

等产量线表示生产同样一个产量的两种要素投入量的所有不同组合的轨迹。具体如图4-2所示，其中 Q_1、Q_2 和 Q_3 分别代表不同的产量水平。与无差异曲线相类似，越远离原点，代表着产量水平越高，因而 $Q_3 > Q_2 > Q_1$。

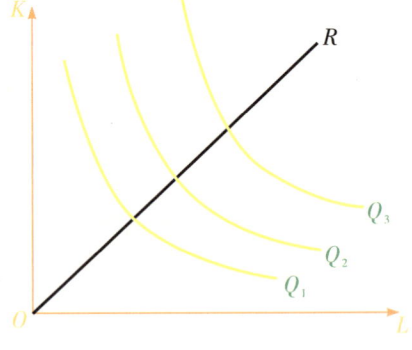

图4-2　等产量线示意图

---

① 1亩≈666.67平方米。

二、边际技术替代率

在效用理论当中,有了无差异曲线之后,我们是通过边际替代率 MRS 来刻画维持同样效用水平时一种商品对于另外一种商品的替代程度。同样地,对于生产者来说,当两种投入要素的相对价格水平发生变化时,为追求利润最大化,生产者可以通过尽可能多地增加相对廉价的要素投入,减少相对昂贵的要素投入,从而保证在生产同样产量的前提下使自己的生产成本变得更小,这样也同样可以达到利润最大化的目的。因而,在生产理论当中,我们是通过边际技术替代率来表示为维持产量不变时,增加一单位要素投入所减少的另一要素投入的程度。其数学表达式定义为:

$$\text{MRTS}_{LK} = -\frac{\Delta K}{\Delta L}$$

如果劳动力的边际产量我们记为 MP_L,资本的边际产量我们记为 MP_K,那么由于是在同样一条等产量线上,此时应该满足 $\Delta L \cdot \text{MP}_L + \Delta K \cdot \text{MP}_K = 0$

通过简单变换,我们可以得到:

$$-\frac{\Delta K}{\Delta L} = \frac{\text{MP}_L}{\text{MP}_K}$$

由此得到边际技术替代率等式:

$$\text{MRTS}_{LK} = -\frac{\Delta K}{\Delta L} = \frac{\text{MP}_L}{\text{MP}_K}$$

换句话说,边际技术替代率等于两种生产要素的边际产量的比值。由于存在着边际报酬递减规律,因而当增加劳动力投入 L 时,此时 MP_L 在不停减少,而由于资本量 K 投入减少,MP_K 反而增加,结合得到的结果是 MRTS_{LK} 会不断减少。这意味着,由边际报酬递减规律可推导得到边际技术替代率递减。具体变化情况如图 4-3 所示。

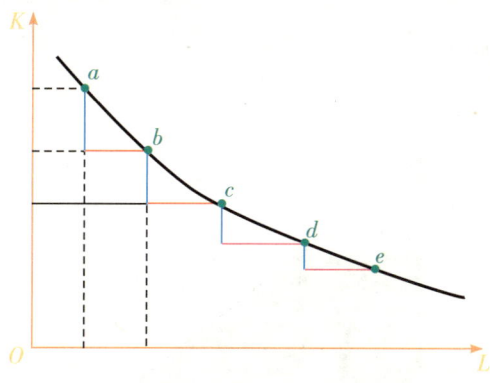

图 4-3 边际技术替代率递减示意图

第三节 等成本线

一、定义和公式

正如在效用论中我们运用预算线来表示消费者所面临的支出约束条件，在生产论中我们对于生产者面临的约束条件，也可以通过等成本线来进行刻画。

等成本线是在既定的成本和既定生产要素价格条件下可以买到的两种生产要素的不同数量组合轨迹。用 C 代表既定的成本约束，w 表示劳动力 L 的工资水平，r 表示资本量 K 的价格水平。由此可得到如下的等成本线：

$$C = wL + rK$$

$$K = -\frac{w}{r}L + \frac{C}{r}$$

二、成本线图形

等成本线表示既定的成本所能购买到劳动力和资本的各种组合。如图 4-4 所示，阴影部分的面积表示在既定成本 C 条件下，生产者所能够购买得到的各种劳动力和资本组合。其中向下倾斜的直线是成本正好等于 C 的劳动力和资本组合，而在阴影部分，所购买的劳动力和资本组合的成本会低于 C，比如 A 点的劳动力和资本所耗费成本会小于 C。而在等成本线上方，比如 B 点处，则是既定成本约束下没办法购买得到的劳动力和资本组合。

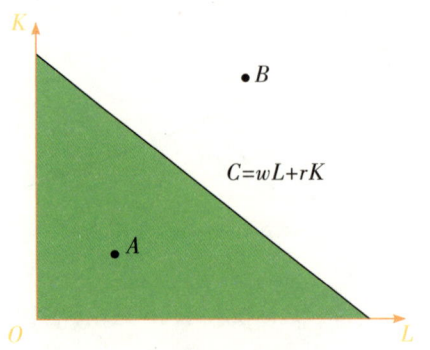

图 4-4 等成本线示意图

第四节　最优的生产要素组合

有了等产量线和等成本线，我们就可以刻画生产者追求利润最大化的结果。由于在完全竞争市场条件下，产品的价格是由整个市场的供给和需求所决定的，单个生产者相对于整个市场来说，类似于沧海一粟，单个生产者对于产品价格的影响力微乎其微，它们是价格的接受者而非价格的制定者。因此，在产品价格给定的情形下，生产者追求利润最大化的结果可以分为两种情形：一种是在既定成本条件下追求产量最大化，另一种则是在产量既定条件下追求成本最小化。这两种情形是对偶的，可以统一表述为同样一个数学结果。

一、既定成本条件下的产量最大化

既定成本条件下，等成本线固定不变，对于生产者来说，就是如何在既定成本下所购买的劳动力 L 和资本量 K 能够尽可能多地增加产量 Q。如图 4-5 所示，在既定成本条件下能够生产出 Q_1 产量，但是 Q_1 产量并不是最高的产量。沿着等成本线往中间走，可以在维持成本不变的条件之下，生产出比 Q_1 更多的产量。因而，既定成本条件下的最高产量势必是与等成本线相切于 E 点的等产量线 Q_2。尽管还有比等产量线 Q_2 更高的产量 Q_3，但是 Q_3 所需要的劳动力和资本量组合已经超过了等成本线。等成本线与等产量线相切于 E 点，所能生产的最大化产量 Q_2 就是生产者追求利润最大化时的最优选择结果。

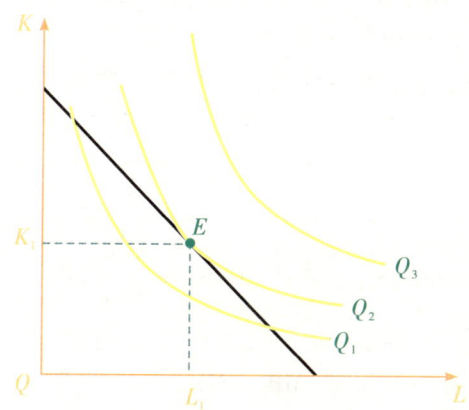

图 4-5　既定成本约束下的产量最优选择示意图

由于相切于一点，等产量线的斜率正好是等成本线的斜率，因此可以得到如下表达式：

$$\text{MRTS}_{LK} = \frac{w}{r}; \quad \text{MRTS}_{LK} = \frac{\text{MP}_L}{\text{MP}_K} = \frac{w}{r}$$

稍微转换一下，可得到：

$$\frac{\text{MP}_L}{w} = \frac{\text{MP}_K}{r}$$

这意味着，当每一单位货币所购买的边际产量都相等时，就实现了既定成本约束条件下的产量最大化，从而可以实现利润最大化的目标。

二、既定产量条件下的成本最小化

生产者追求利润最大化的第二种情形，是产量给定的情形，具体如图 4-6 所示。

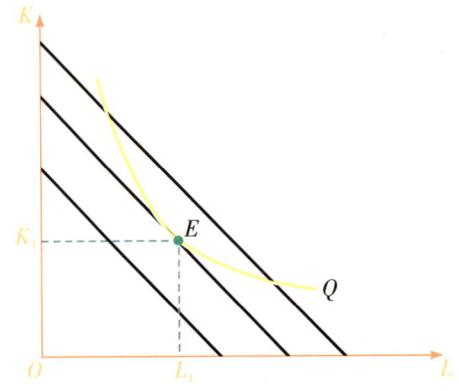

图 4-6　既定产量约束下的最小成本选择示意图

图 4-6 中曲线为生产出产量 Q，三条等成本线当中，最里面的一条成本线，其劳动力和资本组合均无法提供相应的产量 Q，而中间和最外面一条成本线则有提供产量 Q 的可能。但是唯一符合成本最小化条件的，应该是跟等产量线相切的中间那一条等成本线，此时成本达到最小，正好可以提供相应产量 Q，而最外面那一条成本线，虽然也能够提供产量 Q，但是这时对应的成本要高于中间的成本线。因此，既定产量条件下成本最小化的选择，同样是等产量线与等成本线相切的 E 点。此时同样有：

$$\text{MRTS}_{LK} = \frac{w}{r}; \quad \text{MRTS}_{LK} = \frac{\text{MP}_L}{\text{MP}_K} = \frac{w}{r}$$

稍微转换一下，同样可得到：

$$\frac{\text{MP}_L}{w} = \frac{\text{MP}_K}{r}$$

上式表明，在既定产量下追求成本最小化，同样需要满足条件——每一单位货币所购买的每种要素的边际产量都相等。

综上可知，在既定成本条件下实现产量最大化，以及在既定产量条件下实现成本最小化，两者最终所要满足的条件均是一样的，即每单位货币所购买的每种要素的边际产量要相等。产量最大化和成本最小化，从数学角度来看，其实是一个对偶命题，最优解的结果必然是一样的。

练习与思考

1. 表 4-1 是一张关于短期生产函数 $Q = f(L, \overline{K})$ 的产量表：

表 4-1 短期生产的产量表

L	1	2	3	4	5	6	7
TP_L	10	30	70	100	120	130	135
AP_L							
MP_L							

（1）在表中填空。

（2）根据（1），在一张坐标图上作出 TP_L 曲线，在另一张坐标图上作出 AP_L 曲线和 MP_L 曲线。（提示：为了便于作图与比较，TP_L 曲线图的纵坐标的刻度单位大于 AP_L 曲线图和 MP_L 曲线图。）

2. 随着边际产量的递减，当（　　）时平均产量开始下降，当（　　）时总产量开始下降。

3. 请举例说明生活中随着边际产量下降超过某个值时平均产量下降和总产量下降的例子。

4. 某高中每年都会由高二举行义卖活动。义卖中的特色产品部分是由学生手工自主完成的。已知高二（8）班的义卖产品特色手绘明信片需要的生产要素为：彩笔 1 元 1 只，劳动力（学生）每人每小时 16 元（以总劳动时间计算），回答：

（1）已知班费预算为 500 元，请画出预算线。

（2）已知等总产量曲线满足以下形式（Y、X 分别为彩笔和总工作时间的数量）：$Y = 256/X + b$。求总成本不变时最大产量时的 X、Y，以及曲线中 b 的值。

市场类型

第五章由五节内容构成。其中第一节介绍完全竞争市场，第二节介绍垄断市场，第三节介绍垄断竞争市场，第四节介绍寡头垄断市场。在此基础上，第五节将对四种市场类型进行比较。

第一节 完全竞争市场

市场是物品买卖双方作用并决定交易价格和数量的组织形式或制度安排。任何一种交易物品都有一个市场。交易物品分为生产要素和商品，市场也可分为生产要素市场和商品市场。

若将市场按照市场结构进行分类，可划分为完全竞争市场、垄断竞争市场、寡头垄断市场和垄断市场四种类型。这四种不同类型市场划分的主要依据是：第一，市场上厂商的数目；第二，厂商所生产产品的差别程度；第三，单个厂商对市场价格的控制程度；第四，厂商进入或退出一个行业的难易程度。

一、完全竞争市场条件

形成完全竞争市场的条件有以下四个。

第一，大量买者和卖者。由于市场上有无数的买者和卖者，所以，相对于整个市场的总需求量和总供给量而言，每一个买者的需求量和每一个卖者的供给量都是微不足道的，就好比沧海一粟。任何一个买者买与不买，或买多与买少，以及任何一个卖者卖与不卖，或卖多与卖少，都不会对市场的价格水平产生任何的影响。因此在完全竞争市场中，所有买者和卖者都是价格接受者。

第二,产品是同质的。这里的产品同质指厂商之间提供的产品是完全无差别的,它不仅指产品的质量、规格、商标等完全相同,还包括购物环境、售后服务等方面也完全相同。这样一来,对于消费者来说,无法区分产品是由哪一家厂商生产的,或者说,购买任何一家厂商的产品都是一样的。在这种情况下,如果有一个厂商单独提价,那么,他的产品就会完全卖不出去。当然,单个厂商也没有必要单独降价。因为,在一般情况下,单个厂商总是可以按照既定的市场价格实现属于自己的那一份相对来说很小的销售份额。所以,厂商既不会单独提价,也不会单独降价。可见,完全竞争市场的第二个条件,进一步强化了在完全竞争市场上每一个买者和卖者都是被动的既定市场价格的接受者的说法。

第三,进入和退出没有壁垒。完全竞争市场意味着厂商进入或退出一个行业是完全自由的。当这个市场的某个产品可以赢利时,就会有大量的生产者涌入,此时市场供给增加,产品价格下降,赢利减少甚至亏损。而当亏损出现时,会有一些生产者选择退出这个行业,这时产品供给减少,价格开始上升。通过这样一个进入和退出,价格的升或降,最终一定会实现这样一种状态,即选择在这个行业从事生产经营活动的人,跟选择另外一个行业从事生产经营活动的人所获得的利润没有差异,这时整个市场就达到一种稳定均衡状态。

第四,信息是对称的。即市场上的每一个买者和卖者都掌握着与自己的经济决策有关的一切信息。这样,每一个消费者和每一个厂商都可以根据自己所掌握的完全的信息,做出自己的最优经济决策,从而获得最大的经济利益。而且,由于每一个买者和卖者都知道既定的市场价格,都按照这一既定的市场价格进行交易,这也就排除了由于信息不通畅而可能导致的一个市场同时按照不同的价格进行交易的情况。

二、完全竞争厂商的需求曲线

市场上对某一个厂商的产品的需求状况,可以用该厂商所面临的需求曲线来表示,该曲线也被简称为厂商的需求曲线。在完全竞争市场条件下,厂商的需求曲线是什么形状的呢?在完全竞争市场上,由于厂商是既定市场价格的接受者,所以,完全竞争厂商的需求曲线是一条由既定市场价格水平发出的水平线。

在图5-1的第一个图中,市场的需求曲线D和供给曲线S相交的均衡点E所决定的市场的均衡价格为Pe,相应地,在图5-1的第二个图中,由给定的价格水平Pe发出的水平线d就是厂商的需求曲线。水平的需求曲线意味着:厂商只能被动地接受给定的市场价格,且厂商既不会也没有必要去改变这一价格水平。

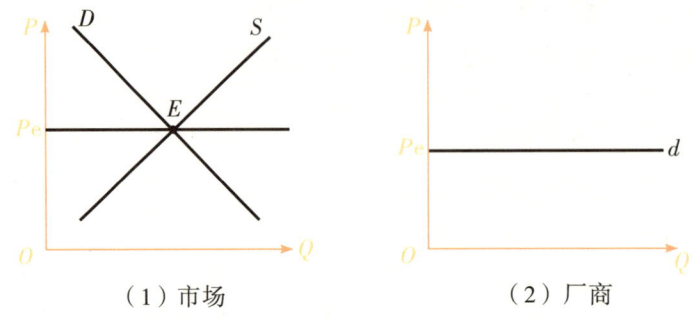

图 5-1 完全竞争厂商的需求曲线

三、完全竞争厂商的收益曲线

厂商的收益就是厂商的销售收入。厂商的收益可分为总收益、平均收益和边际收益。

厂商的总收益是指按一定价格出售一定量产品时所获得的全部收入。

$$TR(Q) = P \cdot Q$$

平均收益是指在平均每一单位产品销售上所获得的收入。

$$AR(Q) = \frac{TR(Q)}{Q}$$

边际收益是指增加一单位产品销售所获得的总收入增量。

$$MR(Q) = \frac{\Delta TR(Q)}{\Delta Q}$$

图 5-2 是完全竞争厂商的收益曲线图。完全竞争厂商的 AR、MR 和 d 三条曲线重叠，是同一条由既定价格水平发出的水平线，即 $AR = MR = d$，如图 5-2（1）所示。因为我们假定销售量与需求量相等，那么在每一个销售量中，厂商的销售价格是相等的，因此厂商的平均收益等于边际收益，且等于市场价格。由此可以得到总收益与销售量之间的关系示意图，如图 5-2（2）所示。

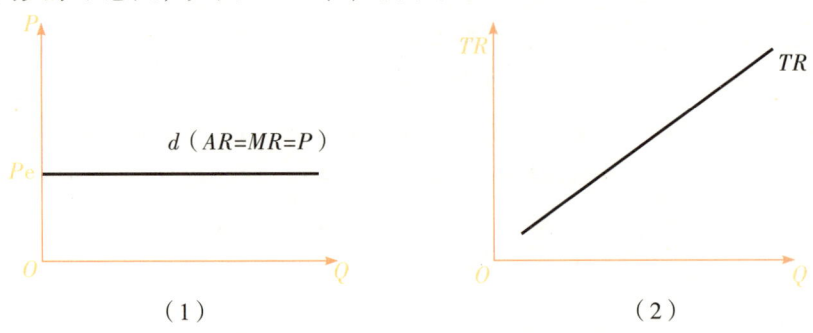

图 5-2 完全竞争厂商的收益曲线

四、完全竞争厂商利润最大化的短期均衡条件

如图 5-3 所示，完全竞争市场的短期边际成本 SMC 曲线和需求曲线 d 相交于 E 点，E 点为实现最大利润的生产均衡点，均衡的产量 Q^* 为厂商取得利润最大化的均衡条件。当产量 Q 小于均衡产量 Q^* 时，边际收益 MR 大于短期边际成本 SMC；当产量 Q 大于均衡产量 Q^* 时，边际收益 MR 小于短期边际成本 SMC；当产量 Q 等于均衡产量 Q^* 时，边际收益 MR 等于短期边际成本 SMC。

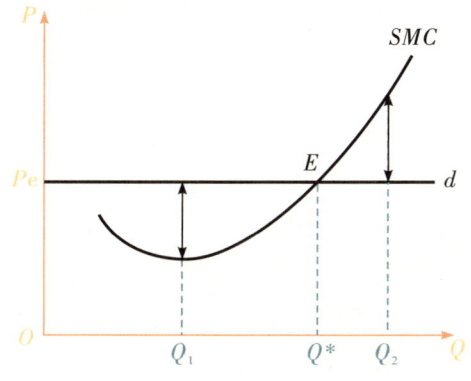

图 5-3 利润最大化

厂商的利润等式为：
$$\pi(Q) = TR(Q) - TC(Q)$$
要使利润最大化，则须满足此一阶条件：
$$\frac{d\pi(Q)}{dQ} = \frac{dTR(Q)}{dQ} - \frac{d\pi(Q)}{dQ}$$
$$= MR(Q) - MC(Q)$$
$$= 0$$
即
$$MR(Q) = MC(Q)$$

第二节 垄断市场

与完全竞争市场拥有大量的卖者相反，垄断市场则是整个行业只有一个厂商。只有唯一个厂商来生产和销售产品，该产品没有任何相近的替代品，其他厂商想要进入

该行业可能性极低或者不可能。比如，铁路运输就是一个经典的垄断市场例子。

一、垄断形成原因

形成垄断的原因，归纳起来大概有以下4个方面。

第一，独家厂商控制了生产某种商品全部资源或者基本资源的供给。比如，铁道运输总公司就独家拥有了全国的铁路运输供应。又比如，在火车上卖零食或快餐的小推车，也形成了一个垄断市场，它垄断了火车上全部的零食或快餐供应。

第二，独家厂商拥有生产某种商品的专利权。药品在这一方面体现得特别明显。比如用于治疗慢性粒细胞白血病的格列卫抗癌药，拥有该药品独家生产权的企业无疑就形成了垄断者。此外，1886年，诞生于美国亚特兰大的可口可乐公司，由于拥有特殊的独家秘密配方，它也成为当时饮料市场的垄断者。

第三，政府特许。比如1600年，英国伊丽莎白女王颁布特许状，决定成立东印度公司，并使它拥有垄断好望角以东各国的贸易权。东印度公司的这一海外贸易权垄断地位就是政府特许的一个经典例子。

第四，自然垄断。所谓自然垄断，是指由一家企业来提供该产品的平均成本，要低于由两家或者多家企业来提供该产品的平均成本。最为典型的就是具有网络型特征的产品，比如电话网络、有线或无线网络、电力、自来水、天然气等。它们的特点是，规模越大，每家用户平摊的使用成本越低。因此，从有效利用资源的角度来看，此时交由一家企业来运营，比交给两家或者多家企业要相对经济得多。

二、垄断市场的需求曲线和收益曲线

与完全竞争市场不同，垄断市场由于只有一家厂商，因此生产者不再是一个价格接受者，而是一个价格制定者。然而，作为一个价格制定者并不能任性定价，市场的需求定律依然起作用。对于垄断者来说，不得不面临的权衡难题是：究竟是减少供应量以提高价格，还是增加供应量减少价格？

为简化，假设垄断市场厂商面临的市场需求曲线是直线型的，此时市场需求函数可表示为 $P = a - bQ$，由此可得到总收益和边际收益函数，分别为：

$$\text{TR}(Q) = PQ = aQ - bQ^2$$

$$\text{MR}(Q) = \frac{\text{dTR}(Q)}{\text{d}Q} = a - 2bQ$$

$$\frac{\text{d}P}{\text{d}Q} = -b$$

$$\frac{\text{dMR}}{\text{d}Q} = -2b$$

由上述表达式可知，需求曲线和边际收益曲线的纵截距都是一样的，均为 a，但是边际收益曲线的横截距则只有需求曲线横截距的一半。具体如图 5-4 所示。

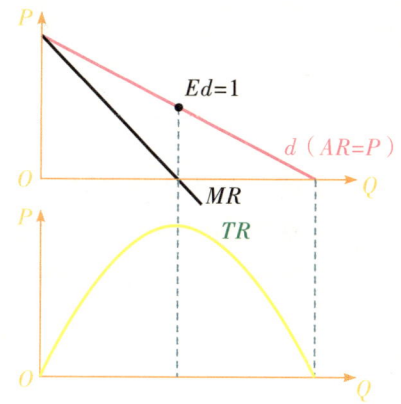

图 5-4　总收益、边际收益和需求曲线

三、垄断市场的均衡条件

垄断市场的短期均衡结果如图 5-5 所示。

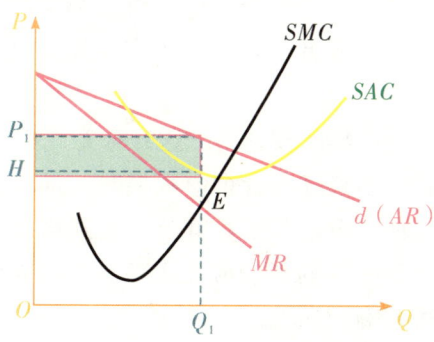

图 5-5　垄断市场的短期均衡结果

作为一个追求利润最大化的厂商，它的最优选择应该是使得每增加一单位产品所带来的收益（即边际收益 MR），正好等于为多增加一单位产品生产所产生的成本（即边际成本 SMC），也即 $MR = MC$。由于 MR 是关于产量的表达式，边际成本 MC 也是产量的表达式，因此由 $MR = SMC$ 这一相等条件可以确定垄断厂商的最优产量。知道最优产量之后，再把它代入需求函数 d 当中去，由此可确定该产品的价格 P 和总收益 TR。已知产量，便可知道厂商相应的总成本 TC，由此可以确定该垄断企业所获得的垄断利润为 $TR - TC$，该利润是垄断企业追求利润最大化的结果。

第三节 垄断竞争市场

垄断竞争市场介于完全竞争市场和垄断市场之间,不过它更接近完全竞争市场。与完全竞争市场不同,它是这样一种市场组织:一个市场中有许多厂商生产和销售有差别的同种产品。我们可以将生产同种产品的厂商总和称为生产集团。

一、垄断竞争形成的条件

大体来看,垄断竞争形成需要以下三个基本条件。

第一,同一市场有大量企业。为了形成竞争,这一市场不能只有一个企业,也不能是十个手指头可以数得过来的少数几个企业,而应该是大量企业。这个有点类似于完全竞争市场。

第二,大量企业生产有差别的同种产品。也就是说,大量企业生产同一类型的产品。比如,大家都生产牙刷,或者都生产牙膏,或者都生产自行车。如果一个企业生产牙刷,另一个企业生产牙膏;或者一个企业生产座椅,另一个企业生产轮胎,那都不算是生产同类产品。

第三,进入和退出一个生产集团较容易。这意味着,当这个市场能够产生利润时,会吸引其他厂商进入;而行业不景气或者企业亏损时,可以自由退出这个市场。从这个角度来看,也意味着从长期来看,垄断竞争市场达到均衡时,厂商从该市场所获得的利润跟从事另外一个行业所获得的利润应该无差异。换句话说,垄断竞争市场和完全竞争市场一样不可能获得超额利润。

二、垄断竞争市场的需求曲线

由于垄断竞争市场不同于完全竞争市场,它生产同类产品但是又有所差异,因而它不是一个完全的价格接受者,有一定的价格制定权利。但是又由于它是一个竞争市场,尽管产品有差异,但是又有一定的替代性。为体现垄断竞争市场的特征,我们通过两条需求曲线来刻画它,一条是企业自身的需求曲线,即 d 需求曲线,另外一条则是行业需求曲线,即 D 需求曲线。

d 需求曲线刻画的是某个厂商改变价格而其他厂商的价格都不变时,该厂商价格和销售量之间的关系。而 D 需求曲线则是某个厂商改变产品价格而其他所有厂商的价格也变动时，价格和销售量之间的关系。这两条需求曲线如图 5-6 所示。

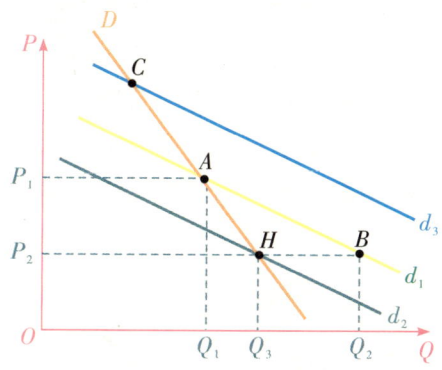

图 5-6　垄断竞争市场的 d 需求曲线和 D 需求曲线

具体来说，当厂商从 P_1 价格下降到 P_2 时，其他厂商价格保持不变，那么该厂商的销售量可从 Q_1 增加至 Q_2。然而，如果同一生产集团的其他企业也跟着降价，那么该企业的销售量只能增加至 Q_3，即考虑了其他厂商的反应之后，是从 A 点变动到 H 点，而非从 A 点变动到 B 点。

三、垄断竞争市场的均衡条件

图 5-7 呈现出垄断竞争厂商可能出现的短期均衡情形。对于垄断竞争厂商来说，为了追求利润最大化，必然要使得多生产一单位产品所带来的成本（SMC）正好等于它所产生的收益（MR），由于 SMC 和 MR 均是产量 Q_1 的函数，因此由 SMC = MR 可确定该垄断竞争厂商的均衡产量。由该产量可以确定该厂商的产品价格，以及总生产成本。如图 5-7 所示的平均成本正好在价格下方，因此该厂商在短期可以获得正额的经济利润。

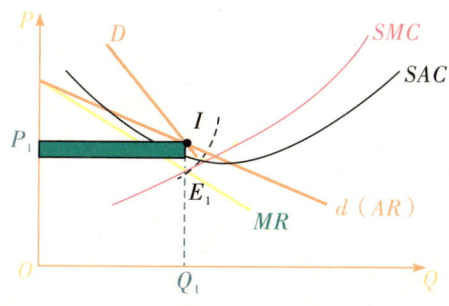

图 5-7　垄断竞争厂商的短期均衡

图 5-8 呈现出垄断竞争厂商长期均衡时的情形。如前所述，短期垄断竞争厂商可能获得正额的经济利润。正额经济利润意味着从事该产品的生产比其他产品更加有利

可图。由于进入和退出该产品行业相对容易,没有进出壁垒,因而正额利润会驱使其他厂商进入该行业,市场竞争会使得 d 需求曲线和 D 需求曲线下移,一直移至 d 需求曲线与长期平均成本曲线(LAC)相切的位置。此时因为相切产品价格 P 正好与长期平均成本 LAC 相等,垄断竞争厂商获得的经济利润为零,意味着从事这一产品生产跟从事其他产品的生产没有差别,行业达到均衡稳定状态。此时边际收益曲线 MR 也与长期边际成本曲线相交于新的均衡点 E_2,由此形成新的均衡产量 Q_2。

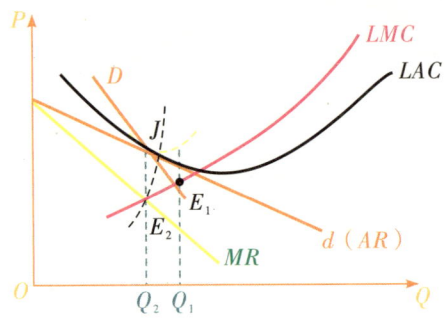

图 5-8　垄断竞争厂商的长期均衡

综上所述,我们可以总结得到,垄断竞争厂商的短期均衡条件是边际收益和短期边际成本相等,即 $MR = SMC$;而长期均衡条件则是由两个条件构成:一个是平均收益和平均成本相等,即 $AR = LAC = SAC$,另一个则是边际收益和边际成本相等,即 $MR = LMC = SMC$。

第四节　寡头垄断市场

寡头垄断市场,顾名思义,就是少数几家厂商或企业控制整个市场的产品生产或销售。它正好界于垄断市场和垄断竞争市场之间。

一、寡头垄断市场形成的条件

寡头垄断市场的形成至少需要以下三个要件。

第一,厂商数量很少。提供同类产品的厂商数量屈指可数,多于一家,但是每一家在市场当中都具有举足轻重的地位,因而对该市场的产量和价格都具有重要的影响力。在现实生活当中,随处可见寡头垄断市场的影子,比如石油公司、银行、航空公司和电信公司等。

第二，进入退出存在壁垒。正是由于存在着进入和退出壁垒，才会使得整个行业只有少数几家厂商或企业几乎垄断整个市场。也正是由于存在着进出壁垒，寡头垄断行业才有可能获得正额的垄断利润。

第三，产品同质性程度或可替代性程度很高。例如，不管是中国石油天然气股份有限公司、中国石油化工集团公司还是中国海洋石油集团有限公司，它们所提供的汽油都是同质的。不管是中国南方航空股份有限公司、中国东方航空股份有限公司还是海南航空控股股份有限公司，从同样一个起点到同样一个终点都是可替代的。不管是中国银行、中国工商银行还是中国建设银行，所提供的存款和取款服务也是可替代的。

二、寡头垄断市场：古诺模型

如前所述，在完全竞争市场和垄断市场当中，厂商只需要依据边际成本等于边际收益就可以实现利润最大化目标。在垄断竞争市场的短期均衡中，也同样如此。只有在垄断竞争长期均衡时，才会考虑到同行业其他厂商的相应市场反应形成最终的均衡状态。换句话说，在前面这三个市场当中，厂商在做最优决策时，往往只是考虑自己行动的利益最大化问题就可以了，它类似于一个"原子式"的决策。与此不同，寡头垄断市场不再是"原子式"的决策，厂商的最优决策依赖于对方的决策行为，因而它需要采用一种新的分析方法。

1838年法国经济学家安东尼·奥古斯丁·古诺提出一个经典的分析模型，它也成为最早的分析模型，被视为是纳什均衡应用的最早版本。这一模型被称为古诺模型，它假定一个产品市场只有两个厂商（在此模型基础上很容易扩展为多个厂商），双方没有任何勾结行为，但是相互间知道对方的行动，而且都想通过制定产量来实现利润最大化目标。为更形象和具体化，我们尝试把古诺模型抽象需求函数具体化，假设需求函数具体为 $P = 1\,500 - Q$，两个厂商的总成本 $TC_A = TC_B = 0$（成本非零并不会影响核心结论），市场产量由厂商A和B的产量所构成，也即 $Q_A + Q_B = Q$。在给定其他厂商产量条件下，每家厂商均有增加产量的冲动，但是更多产量会导致更低价格，追求利润最大化的产量和价格之间存在一个权衡问题。厂商应该如何确定它的最终产量以使它的利润达到最大化呢？

用 π_A 和 π_B 分别表示A和B所获得的利润，可得到两家厂商各自的利润表达式：

$$\pi_A = PQ_A - TC_A = (1\,500 - Q_A - Q_B)Q_A = 1\,500Q_A - Q_A^2 - Q_B Q_A$$

$$\pi_B = PQ_B - TC_B = (1\,500 - Q_A - Q_B)Q_B = 1\,500Q_B - Q_B^2 - Q_A Q_B$$

对上述两个利润表达式求一阶导数，可得到：

$$\frac{\partial \pi_A}{\partial Q_A} = 1\,500 - 2Q_A - Q_B = 0$$

$$\frac{\partial \pi_B}{\partial Q_B} = 1\,500 - 2Q_B - Q_A = 0$$

由上述两个一阶导数结果，可得出厂商 A 对于 B 的最优反应函数，以及厂商 B 对于 A 的最优反应函数，具体如下：

$$Q_A = 750 - \frac{Q_B}{2}$$

$$Q_B = 750 - \frac{Q_A}{2}$$

由两个最优反应函数可以确定最终均衡结果是 $Q_A = Q_B = 500$（由一阶导数之后两个方程联立求得这个数）。

为什么由两个最优反应函数确定的方程解就是一个均衡解呢？由图 5-9 我们可以看出背后的逻辑。

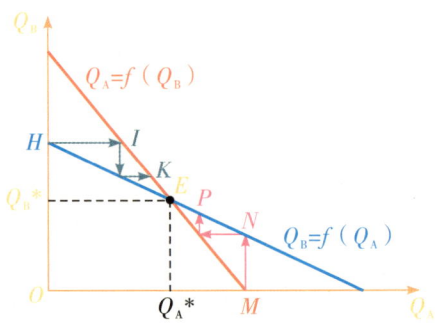

图 5-9 古诺模型的最优反应函数示意图

图 5-9 分别刻画了厂商 A 对于厂商 B 的最优反应函数，以及厂商 B 对于厂商 A 的最优反应函数。给定厂商 B 在 H 点的产量 Q_B，厂商 A 会依据 Q_B 产量做出最优反应，因此它会在 I 点位置的产量进行生产；而对于厂商 A 在 I 点的产量，厂商 B 的最优反应不是在 H 点而应该在 J 点进行生产。而对于厂商 B 在 J 点的产量，厂商 A 的最优反应是在 K 点进行生产。依此类推，可发现最优会收敛至 E 点。同理，假如一开始厂商 A 在 M 点进行生产，那么厂商 B 的最优反应应该是在 N 点进行生产；然而对应于厂商 B 在 N 点的产量，厂商 A 的最优反应是在 O 点进行生产，依此类推，同样可以发现最优点是两条最优反应函数的交点，即均衡点 E。

思考题

1. 假如厂商 A 和 B 不是各自经营的寡头垄断企业，而是由一家集团垄断经营，那么这时 A 和 B 的最优产量应该是多少？

2. 假如厂商 A 和 B 是各自经营的寡头垄断企业，但是它们可以进行合谋，一起商量确定对于他们集体最优的产量，此时它们会选择怎样的产量水平？利润是多少？

第五节　不同市场比较

完全竞争、垄断竞争、寡头垄断和完全垄断这四个市场的基本特征和差异情况如表 6-1 所示。

表 6-1　完全竞争市场、垄断竞争市场、寡头垄断市场和完全垄断市场的性质

经济特征	完全竞争	垄断竞争	寡头垄断	完全垄断
需求曲线	水平完全弹性	向右下倾斜陡峭	向右下倾斜陡峭	向右下倾斜陡峭
供给曲线	向右上方倾斜	无	无	无
短期均衡	$SMC = P = MR$	$SMC = MR$	—	$SMC = MR$
长期均衡	$LAC = LMC = P$	$LMC = MR$；$LAC = AR$	—	$LMC = SMC = MR$
均衡价格	最低	较低	较高	最高
均衡数量	最大	较大	较小	最小
短期利润	短期内有经济利润、收支相抵或亏损			
长期利润	收支相抵	收支相抵	有经济利润或收支相抵	有经济利润或收支相抵
经济效率	最高	较高	较低	最低

注：SMC 表示短期边际成本，MR 表示边际收益，P 表示价格，AR 表示平均收益，LMC 表示长期边际成本，LAC 表示长期平均成本。

从经济学角度来看，判断一个行业是否已实现有效资源配置，主要看这一个行业在均衡时能否让边际成本等于价格，也就说生产者为多生产一单位产品所耗费的成本正好等于消费者愿意为这一单位产品所支付的价格。依据这样一个标准，可以看出完全竞争市场能够实现资源的有效配置。一般我们会用经济效益来表示利用资源的有效性。市场竞争程度越高经济效益越高，反之，市场垄断程度越高，经济效益越低。特别是在垄断市场，垄断厂商为了维持低产高价，往往会使得资源配置不足的现象更加突出。

对于垄断和技术进步，现有研究有不同观点。有些经济学家认为垄断厂商会阻碍技术进步，他们的理由是厂商依靠垄断力量就可以长期地获得利润，因而垄断厂商没有足够的动力去进一步开展研发工作。而另外一些经济学家则认为，垄断有利于技术进步。原因在于，一方面垄断厂商可以利用高额利润形成充足的经济实力，可以拥有更好的条件进行科学研究和技术创新；另一方面，厂商为了维持和利用垄断地位带来

的更高利润，它会有动机去保持和维护相应的技术进步。两种截然不同的观点，孰是孰非有待后续进一步的经验验证。

练习与思考

1. 你是某校高一的学生，假如下个星期就要测试微观经济学的内容。试题难度可能为：很难，概率0.7；中等，概率0.2；简单，概率0.1；非常简单，不可能。在以上几种情况中，周末的复习会带给你快乐，用价格来衡量则分别是100元、50元、10元。那么你复习的平均收益是多少？

2. 在第1题的情况下，假如那个周末恰好是你们学校的社团开放日，你非常想去社团开放日，你愿意为它付出80元（心理价位）（实际上除了时间你并不需要为它付出任何东西）。请问你周末复习的机会成本是多少？

3. 在第1题的情况下，假如你突然得知，你喜欢的某位高二师姐、师兄会在社团开放日表演唱歌，你愿意为去社团开放日付出的钱瞬间变成原来的3倍，那么此时你的决策是什么？该决策的机会成本又是多少？

4. 假定某完全竞争市场的需求函数和供给函数分别为 $D = 22 - 4P$，$S = 4 + 2P$。求：

    （1）该市场的均衡价格和均衡数量。
    （2）单个完全竞争厂商的需求函数。

5. 已知某完全竞争行业中的单个厂商的短期成本函数为 $STC = 0.1Q^3 - 2Q^2 + 15Q + 10$。试求：

    （1）当市场上产品的价格为 $P = 55$ 时，厂商的短期均衡产量和利润。
    （2）当市场价格下降为多少时，厂商必须停产？
    （3）厂商的短期供给函数。

第六章

博 弈 论

第二章至第五章所介绍的均衡是市场均衡概念。这一均衡视角局限于产品市场或者要素市场，它的研究对象是可以交易的产品。对于不可在市场中进行交易的选择行为，市场均衡概念似乎无能为力。此时，我们需要另外一种均衡概念，即博弈论的纳什均衡。纳什均衡是以美国数学家约翰·纳什命名，它是一个涉及两个或者多个参与者的非合作博弈概念，是指在博弈过程当中假定每个参与者都知道其他参与者的均衡策略，任何一个参与者单独改变他们自己的策略时将无法获得比原策略更多的收益。如果每个参与者已经选择了一个策略行动，当其他参与者保持他们自己策略不变时，没有任何一个参与者能够从改变策略当中获益，那么当前的策略选择和相应的报酬就构成一个纳什均衡。

本章将由三节内容构成。第一节介绍博弈论的基础知识，着重介绍博弈论的基本概念、博弈种类和博弈论发展简史。第二节介绍参与者同时采取行动的同时博弈结构。第三节介绍不同参与者先后采取行动的序贯博弈结构。不同于之前各章，本章将更多地呈现一些经典的案例，供大家思考和研讨，并在讨论过程当中体会博弈论的精微之处。

第一节 博弈论基础

首先大家看一下案例内容，并讨论 A 或 B 的最优选择应该是坦白还是不坦白，理由是什么。

囚徒困境

一个富翁在家中被杀，财物被盗。警方抓到两个犯罪嫌疑人A和B，并从他们的住处搜出被害人家中丢失的财物。但是，他们矢口否认杀人，辩称是先发现富翁被杀，然后顺手牵羊偷了点儿东西。于是警方将两人隔离，分别关在不同的房间进行审讯。由检察官分别和每个人单独谈话。检察官说，由于你们的偷盗罪已有确凿的证据，所以可以判你们一年刑期。但是，我可以和你做个交易。如果你单独坦白杀人的罪行，你将免于刑事处罚，但你的同伙要被判6年刑。如果你拒不坦白，而被同伙检举，那么你就将被判6年刑，他则被免于刑事处罚。但是，如果你们两人都坦白交代，那么，你们都要被判3年刑。

囚徒困境博弈结构如表6-1所示。

表6-1 囚徒困境博弈结构

囚徒A	囚徒B	
	交代	不交代
交代	-3, -3	0, -6
不交代	-6, 0	-1, -1

问题：
两个囚犯各自会采取什么行动？

上述案例所呈现的就是一个经典的博弈结构，学界把它称为囚徒困境。所谓困境，通俗来说，就是你看起来很合理的选择，实际上从另外一个角度来看就不合理了。在这个案例当中，如果每个囚犯都追求自己利益最大化，那么他们各自的最优选择，应该是选择坦白交代。但是，如果他们两人能够从集体角度来考虑的话，就会发现，其实不坦白交代对于每个人来说状况会更好。遗憾的是，不坦白交代这样一个选择行为跟理性经济人的理性选择相违背了。换言之，每个人都追求自己的私利，并不能促进整个社会福利，反而会有害于社会福利。这听起来似乎是心灵鸡汤，老生常谈，但是在当时的经济学界不亚于投下了一颗"原子弹"。因为这一简单的博弈结构所得到的看似简单的研究结论，直接否定了经济学界泰斗级人物亚当·斯密"看不见的手"的精微论断。在亚当·斯密看来，每个人都追求私利，无形当中会促进整个社会福利，由私利所带来的促进效果，比每个人带着一颗爱心增进整个社会福利的效果可能都要好得多。在《国富论》当中有这样一句经典名言："我们期望的晚餐并非来自屠夫、酿酒师和面包师的恩惠，而是来自他们对自身利益的关切。"① 在亚当·斯密看来，"你不要整天想到怎么为社会服务、为国家效劳，你只管为自己利益的最大化做事就行，因为当你和其他人都把自己的利益服务到最大时，尽管你的主观意愿没有想到是为社会而做，但实际效果是你为社会、为集体做出了更大的贡献"②。因而，亚当·斯密这样一段有关追求私利能够促进社会福利的论断，一时为经济学界奉为圭臬。曼德维尔在《蜜蜂的寓言》中也表达出"私人恶德即公共利益"这样一种思想，甚至可以说正是曼德维尔的这一思想影响了亚当·斯密。然而，纳什所抛出的这样一个囚徒困境博弈结构，却简单明了、无懈可击地表明：你们所说的，是错误的！纳什也因此贡献而获得了1994年的诺贝尔经济学奖。

一、博弈论基本概念

那么，什么叫博弈？什么叫策略呢？博弈对应的英文单词是 game，game 本身含有游戏、对策的意思。博弈论对应的英文单词是 game theory，台湾一开始还把博弈论翻译成对策论。复旦大学世界经济系谢识予教授在《经济博弈论》一书当中，给博弈论下了一个相当长也具有中国特色的定义，具体为："博弈即一些个人、队组或其他组织，面对一定的环境条件，在一定的规则下，同时或先后，一次或多次，从各自允许选择的行为或策略中进行选择并加以实施，各自取得相应结果的过程。"③

博弈论产生的基本前提，就在于某人或某物的行为效果如何，有赖于他人或他物的行为。在博弈论当中，有几个经典的要素和定义。在此一一列示如下：

参加者（player）：博弈过程中独立决策、独立承担后果的个人和组织。

信息（information）：参加者所掌握的对选择策略有帮助的情报资料。

行动（action）：参加者的决策变量。

策略（strategy）：参加者选择行动的规则，它告诉参加者在什么时候选择什么行动。

次序（order）：参加者做出策略选择的先后。

收益（payoff）：又称支付，各博弈方做出决策选择后的所得和所失。

均衡（equilibrium）：所有参与人的最优策略或行动的组合。

帕累托效率（Pareto Efficient）：没有其他策略选择能使这两个局中人的境况会比在这一选择下更好。

优势策略（dominant strategy）：不管对方采取什么行动，能导致最高收益的策略。

---

① 斯密. 国富论：上 [M]. 唐日松，等译. 北京：华夏出版社，2013：15.
② 斯密. 国民财富的性质和原因的研究上卷 [M]. 北京：商务印书馆，1983：15.
③ 谢识予. 经济博弈论 [M]. 2版. 上海：复旦大学出版社，2002：4.

纳什均衡（Nash Equilibrium）：在某一个策略组合中，任何一方改变策略都会使其收益下降。

在上述这么多的基本概念当中，需要明确区分的是优势策略和纳什均衡。优势策略通俗来说，就是不管对方做什么，对博弈方都是最优的策略。而纳什均衡，则是给定竞争对手的行动之后，博弈方所能采取的最优行动。换句话说，优势策略可以构成纳什均衡，但是纳什均衡并不一定是优势策略。

那么，我们应该怎样分析表6-1中的纳什均衡解呢？表6-1所呈现的是标准的博弈结构表述方式，表格中每一格的第一个数字表示A的收益，第二个数字表示B的收益。作为一个理性经济人，囚徒A应该如何做出自己的理性选择呢？A的理性决策过程是这样的：如果B选择交代的话，那么A可以在交代或者不交代这两种行动当中进行比较——选择交代的收益是-3，选择不交代的收益是-6。由于交代的收益高于不交代的收益，所以如果B选择交代的话，那么A的最优选择应该是选择坦白交代。如果B选择不坦白交代，那么A同样在交代或者不交代这两种行动当中进行比较——选择交代的收益是0，选择不交代的收益是-1。交代的收益还是高于不交代的收益，所以此时A的最优选择依然是选择交代。综上可知，不管B怎样选择，选择坦白交代一直是A的优势策略。

运用同样的分析逻辑，我们也可以分析出B的最优选择。我们同样可以发现，不管A怎么选择，选择坦白交代也是B的优势策略。所以在这个博弈结构当中，每个人的优势策略选择结果构成了一个纳什均衡，纳什均衡选择是（交代，交代），对应收益是（-3，-3）。追求个人利益最大化的理性选择结果，反而低于从整体利益去考虑的（-1，-1）。这就是经典的囚徒困境结构。

二、博弈的种类

依据参与人在博弈过程中是否能够达成一个具有约束力的协议，博弈可分为合作博弈和非合作博弈。

合作博弈（cooperative games）是在指博弈过程当中的双方或者多方采取了具有约束力的协议。比方说，几家寡头通过订立并实行协议，限制产量，制定垄断高价。

非合作博弈（non-cooperative games）是指在博弈过程当中，双方或者多方并没有约束力的协议。比方说，寡头们在市场竞争中没有达成有约束目的的协议，每个企业仅仅是在考虑到竞争对手可能采取的行为的条件下，独立地进行产量与价格的决定。

合作博弈是一个合同约定、法律执行和违约问题；而非合作博弈则是最近行为和实验经济学研究的主要博弈框架结构，它甚至可以用于探究人类学或者社会学的合作秩序是如何衍化和怎样涌现的问题。

在非合作博弈中，根据参与人行动的先后顺序，可分为静态博弈和动态博弈。

静态博弈（static game）是指参加者同时选择行动，或者虽非同时行动，但行动在后者并不知道行动在先者采取了什么具体行动。

动态博弈（dynamic game）是指参加者的行动有先后顺序，而且行动在后者可以观察到行动在先者的选择，并据此做出相应的选择。

此外，我们还可以根据参加者对其他参加者的了解程度，分为完全信息博弈和不完全信息博弈。

完全信息博弈（games of complete information）是指在每个参与人对所有其他参与人（对手）的特征、战略和支付函数都有精确了解的情况下，所进行的博弈。

不完全信息博弈（games of incomplete information）是指信息了解得不够精确，或者不是对所有的参与人都有精确的了解。

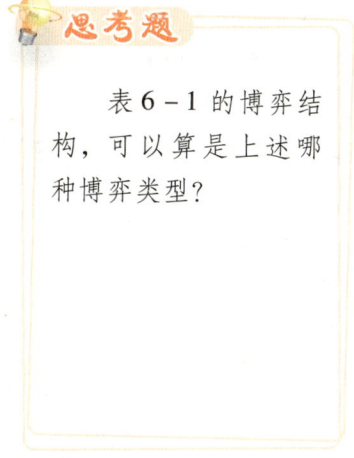

思考题

表6-1的博弈结构，可以算是上述哪种博弈类型？

两难困境

两难抉择Ⅰ

在西非有个贝宁共和国，它有个少数部族叫波波族。在波波族的传说里，长颈鹿是会说人话的，而且说一不二。波波族提出了一个经典的两难问题：有个人同他的妻子和母亲一起过河，中途在对岸突然出现一只长颈鹿，他立刻举枪向它瞄准。

这时，长颈鹿说话了：如果你开枪，你母亲就没命；如果你不开枪，你妻子就完蛋。问题：这个人该怎么办？

两难抉择Ⅱ

你和你深爱着的人被分隔关在两个房间里，两人身边各有一个按钮，并且都知道，除非两人中有一人在规定的60分钟过去之前按一下按钮，否则两个人都要被处死；而先按按钮的人可以保住对方的性命，但自己将立刻被处死。你该怎么办呢？（假定只要有人按按钮了，另一个人就会立即得到通知。）

两难抉择Ⅱ可能会产生四种结果：

（1）双方都希望对方去按按钮以保住自己的性命，结果没有人按，两个人都死。这是一个从总体角度看最坏的结果，但是由于你深爱着对方，这种结果会出现吗？

（2）双方一直等到59分钟时，当你看对方还没有按按钮，你想与其两个人死，还不如让自己深爱的人活下来,因此,当你等到无法再等下去的临界点时你按了按钮,你死了,对方活着。

(3) 当事双方在谁应当牺牲、谁应当活下去这个问题上有共识,这时,一方将去按按钮以拯救对方。

(4) 双方都决定保护对方,如母亲决定保护女儿,因为女儿会活得更久一些;而女儿决定保护母亲,因为是母亲给了她生命。此时,双方都会抢着去按按钮,结果取决于谁更快。

讨论: 现实中有没有类似的两难抉择?

三、博弈论简史

1944年冯·诺伊曼与摩根斯坦恩合作出版了 Theory of Games and Economic Behavior 一书。这是博弈论领域的第一本重要著作,是博弈论的奠基性著作,标志着博弈论的形成。

20世纪50年代,纳什(Nash)定义了"囚徒困境"并提出"纳什均衡",奠定了非合作博弈的基石。

20世纪60年代,泽尔腾(Selten)(1965)将纳什均衡的概念引入动态博弈,提出"精练纳什均衡"概念。海萨尼(Harsanyi)(1967—1968)则把不完全信息引入博弈论的研究,提出"贝叶斯纳什均衡"。

博弈论简史上的标志性事件列述如下:

(1) 1994年数学家纳什(见图6-1)、经济学家海萨尼(见图6-2)和泽尔腾(见图6-3)获得诺贝尔经济学奖。

图6-1　1957年的纳什(左)

图6-2　海萨尼

图6-3　泽尔腾

(2) 1996年,英国经济学家莫里斯(Mirrlees,见图6-4)(最优税制)和美国经济学家维克里(Vickrey,见图6-5)(拍卖)荣获诺贝尔经济学奖。

图6-4　莫里斯　　图6-5　维克里

（3）2001年三位美国经济学家荣获诺贝尔经济学奖，分别为阿克洛夫（Akerlof，见图6-6）（旧车市场）、斯蒂格利茨（Stiglitz，见图6-7）（金融市场）和斯宾塞（Spence，见图6-8）（劳动力市场）。

图6-6　阿克洛夫　　图6-7　斯蒂格利茨　　图6-8　斯宾塞

（4）2005年的诺贝尔经济学奖由拥有以色列和美国双重国籍的经济学家罗伯特·奥曼（Robert J. Aumann，见图6-9）和美国经济学家托马斯·谢林（Thomas C. Schelling，见图6-10）分享（冲突与合作）。这两位研究者的贡献对进一步发展和运用非合作博弈理论解决社会科学领域的重大问题是不可或缺的。

图6-9　奥曼　　图6-10　谢林

（5）2007年诺贝尔经济学奖颁给了三位美国经济学家——赫维茨（Hurwicz，见图6-11）、迈尔森（Myerson，见图6-12）和马斯金（Maskin，见图6-13），以表彰他们为机制设计理论奠定基础。

图6-11　赫维茨　　　图6-12　迈尔森　　　图6-13　马斯金

（6）2012年，诺贝尔经济学奖颁给了美国经济学家埃尔文·罗斯（Alvin Roth，见图6-14）与罗伊德·沙普利（Lloyd Shapley，见图6-15），得奖的理由是"以鼓励他们在稳定配置理论及市场设计实践上所做出的贡献"。

图6-14　罗斯　　　　图6-15　沙普利

第二节　同时博弈

　　同时博弈结构，顾名思义，就是两个或者多个参与者同时做出自己的决策。在前面的章节当中，古诺模型就是一个经典的同时博弈结构，两个寡头垄断厂商可以同时做出自己的产量或者价格决策，模型的最终解其实就是一个纳什均衡。有兴趣的同学可以在学习了这一节内容之后，运用博弈论视角去重温一下经典的古诺模型。

　　我们先看一下另外一个经典的博弈结构——智猪博弈。

一、智猪博弈及其治理之道

智 猪 博 弈

猪圈里有大猪和小猪。猪圈的一头有一个猪食槽,另一头安装着控制着猪食供应的按钮。按一下按钮,将有10个单位的猪食进入猪食槽。可供选择的战略有两种:自己去按按钮,或者等待另一头猪去按按钮。如果某一头猪做出自己去按按钮的选择,它必须付出下列代价:第一,它需要支付相当于2个单位猪食的成本。第二,由于按钮远离猪食槽,它将成为猪食槽边的后到者,从而减少能够吃到的猪食数量,即大猪先到槽边,大猪、小猪吃到食物的收益比为9:1;同时到槽边,大猪、小猪的收益比是7:3;小猪先到槽边,大猪、小猪的收益比是6:4。

请根据案例内容画出相应博弈结构,并找出对应的纳什均衡解。

针对智猪博弈中的小猪的搭便车行为,可以设置怎样的方案解决这样一个搭便车问题?

智猪博弈的博弈结构如表6-2所示。如何确定表6-2的纳什均衡解呢?我们可以采用类似于分析表6-1的分析方法,并把每个参与者的最优反应用下划线表示出来。具体结果如表6-2所示。大猪的理性选择应该是怎样的呢?如果小猪选择按,大猪在按和不按当中做选择,选择去按的收益是5,选择不按的收益是9,因而对于它来说最好是选择不按。如果小猪选择不按呢,大猪选择按的收益是4,选择不按的收益是0,此时大猪的最优选择是按。换句话说,大猪并没有存在优劣策略,它的最优行动取决于小猪的行为。小猪按,大猪不按;小猪不按,大猪按。对于小猪是否也这样呢?运用同样的分析逻辑,如果大猪选择按,小猪在按和不按之间做选择,选择按的收益是1,选择不按的收益是4,因此小猪会选择收益更高的,即不按。而如果大猪选择不按呢,小猪同样在按和不按当中做选择,选择按的收益是-1,选择不按的收益是0,因此小猪还是会选择不按。换句话说,不管大猪怎么选择,小猪的最优反应是选择不按,因为不按是小猪的优势策略。综合大猪和小猪的最优反应,我们可以发现,这一个博弈结构的纳什均衡是:大猪按,小猪不按。最终收益是大猪得4,小猪也得4。

表6-2　智猪博弈结构

大猪＼小猪	按	不按
按	(5, 1)	(4, 4)
不按	(9, -1)	(0, 0)

　　智猪博弈呈现出经济学一个非常重要的"搭便车"（free-rider）问题。在这个案例当中，小猪就是一个搭便车者，它完全不劳而获。在现实生活当中，有哪些是跟"智猪博弈"相对应的现实行为呢？

　　首先，从股份公司的股东构成来看，大股东类似于大猪，小股东类似于小猪，大股东担当着监督公司经理职责，监督公司高管可能存在的各种利用职权谋取私利、高档消费或者公权私用现象，而小股东因为股份占比较小，没有足够的动力耗费相应成本去监督股东行为。

　　其次，比如村庄村民自发出钱修路，作为村里的富人，修成水泥路对其进出更加便利，也更有门面和价值，因而，作为富人有更大的动机提供修路资金。与此相反，穷人可能食不果腹，完全没有闲钱用于道路修建工程上，究竟是土路还是水泥路，对其带来的效用或者收益很可能不高。因此在修路这一项主张上，富人可能就扮演大猪的角色，而穷人可能就扮演小猪的角色。

　　最后，举一个大家都更容易理解的例子，比如宿舍的公共卫生。这一例子可能不同于前面两个例子，在前面两个例子当中，大和小的区分非常分明，前者以股份、后者以金钱多少进行衡量。而在宿舍公共卫生当中，你可能一时无法明显看出大和小的区分在何处。但是可以这么理解，不同人对于环境卫生的容忍程度是不一样的。有些人可能特别爱干净，容不得半点灰尘，也受不了混乱无序的物品堆放，而另外一些人对于脏乱差的环境可能熟视无睹。因此，在没有任何卫生秩序或者值勤安排制度产生之前，爱干净者在公共卫生方面可能就承担着大猪角色，而无所谓者可能就扮演着小猪角色。

思考题

除了上述三个例子之外，大家还能想到哪些跟智猪博弈结构相对应的例子？你觉得应该怎样解决这一博弈过程当中的"搭便车"问题？

　　如何解决智猪博弈所揭示出来的"搭便车"难题呢？关于"搭便车"难题的研究可谓不计其数，学界尝试提供不同的机制设计。比如，其中一种解决方法，通俗来讲，就是把原本属于大小猪共用的"猪食"进行分食，实行"有劳有得，多劳多得，无劳无所得"的分配制度。这实质上是要求对公共资源进行私有化。比如我们曾经的土地政策，在人民公社时期，土地国有和公共食堂，就比较容易出现"搭便车"问题。而家庭联产承包责任制，则相当于"分灶吃饭"，这才有效避免了"搭便车"问题，全国农村和农业生产改头换面，焕然一新！大到国家，小到家庭，同样如此。比如，在没有实行计划生育之前，一个家庭可能有两三个儿子。待几个儿子结完婚，基本上都不可避免地要"分家"，也就是"分灶吃饭"。为什么就不能够和和睦睦，四世同堂甚至五世同堂，共住一片屋檐共享人伦？究根结底，原因往往在于资源共享、"搭便车"难禁、纠纷不止等问题上。

产权私有化不失为解决"搭便车"难题一种好方法。但是，产权私有制度已经改变了公共资源属性，能否在维持公有产权或者公共资源制度安排下解决"搭便车"问题呢？最新的行为和实验经济学运用公共品实验方法通过实验室和实地实验提供了各种可能的治理机制。其中一种最容易想到的治理方法，就是通过政府权威实行惩罚威慑。比如，税收实质上就是一项公共资源，政府凭借税收可以提供不同的公共服务。不同人依据税法规定应该履行相应的纳税义务。但是现实生活中可能会存在既想要享受政府公共服务又不想纳税或者想要偷税、漏税的人。此时，政府对偷税、漏税的定罪量刑，就是通过惩罚制度来威慑一些人的"搭便车"行为或者潜在心态，确保公共资源能够供应。也有研究揭示出一些在理性经济人视角看来可能根本不会起作用，但是实践过程中恰恰可以发挥作用的非正式治理制度安排。比如，通过面对面的沟通交流，可以有效促进群体合作，减少"搭便车"问题。2009年获得诺贝尔经济学奖的奥斯特罗姆（Ostrom）就曾用实验揭示出面对面沟通交流机制的显著效果，并把这样一种机制称为"无需利剑的契约"（covenants without swords），由此揭示出除了政府威权干预治理之外，还可以通过村民或社区互动实现公共资源自治。也有一些研究表明，通过加强群体内部成员之间人际关系互动、强化群体身份，或者进行相应的道义劝导，都可以提高群体成员的合作意愿，强化群体合作规范，从而有效地抑制"搭便车"问题，增加公共资源的供应行为。

二、协调博弈及其治理之道

北京大学光华管理学院张维迎教授曾在《博弈与社会》一书当中指出，人类社会主要有两个核心问题：一个是合作问题，另外一个是协调问题。换句话说，人类社会的主要问题可以概括为2C（Cooperation and Coordination）问题。我们前面所讲的囚徒困境和智猪博弈所反映的都是合作问题。我们接下来要讲述的，将是人类社会的另外一个核心问题：协调难题。我们先看以下三个案例，请大家同样依据前面的分析方法和分析思路，先画出相应博弈结构并确定相应的纳什均衡解。

一、警察和小偷

某个小镇建筑布局呈东西走向长条形,在小镇的东边有一家酒馆,在小镇的西边有一家邮局。整个小镇只有一名警察维持治安,而该镇正好有一名小偷试图到酒馆或邮局里进行偷盗。因为分身乏术,假定警察每天只能在一个地方巡逻,而小偷每天也只能去一个地方。假定邮局需要保护的财产价值2万元,而酒馆需要保护的财产价值1万元。如果警察在某地进行巡逻,而小偷也选择了去该地,就会被警察抓住(小偷得益为0);如果小偷去了警察没有巡逻的地方,则小偷偷盗成功(警察得益为0)。

问题:警察和小偷的最优策略是什么?现实中有哪些情境与此博弈相类似?

二、懦夫博弈

程观希和薛亭风都喜欢上昔日同学好友黄飞,三人为这样一段纠缠不清的三角恋关系苦不堪言。程观希和薛亭风一致认为只有深爱黄飞的人才有资格跟黄飞在一起,但彼此为究竟谁才是最深爱黄飞而争执不清。一天,程观希和薛亭风终于决定进行一场真爱比拼——生死赌注。双方约定同时驾汽车高速朝对方开去,谁最先扭转方向谁就是懦夫,爱自己甚于爱黄飞,不配得到真爱。但是,假如双方都保持车的前进方向,最终结果是车毁人残废,黄飞也肯定得不到幸福甚至可能离他们而去,这时他们的收益用-4表示。如果车将碰撞之前,有一人改变车的前进方向,那么他会被视为懦夫,得离开黄飞,其收益用-2表示;而另一人则被证明是为爱而愿意牺牲一切,可以与黄飞在一起,其收益用2表示。假如双方在碰撞之前同时转向,则同时保住自己的性命,但是这可能会被视为不深爱黄飞的信号,可能都收获不了爱情,其收益用0表示。

请画出双方博弈结构,并确定纳什均衡解。

三、性别博弈

薛亭风最终跟黄飞结为夫妻,可婚后情感生活不和谐。薛亭风喜欢看体育比赛节目,黄飞喜欢看电视剧节目,但是家里只有一台电视,因而经常产生争夺频道矛盾。假设双方都同意看比赛节目,薛亭风得到3单位收益,黄飞得到1单位收益;如果都同意看电视剧节目,则薛亭风得到1单位收益,黄飞得到2单位收益;如果双方意见不一致,大家相互争吵谁都看不成,各自得到0单位收益。

请画出博弈结构,并确定纳什均衡解。

采用上文的分析思路,我们不难画出这三个案例的博弈结构,并且可以很快确定这三个案例的纳什均衡解。对于第一个案例,我们没有找到一个纯策略纳什均衡。因为警察的最优选择是抓到小偷,而小偷的最优选择是避开警察,因此我们没有找到警察和小偷共同选择的一个具体行动组合。对于第二个案例,我们可以发现这个案例存在着两个纯策略纳什均衡。程观希选择转向,薛亭风的最优选择就是不转;程观希选择不转向,薛亭风的最优选择是转。对调一下角色,选择也一样。因此这个博弈存在两个纯策略纳什均衡。对于第三个案例,我们也可以发现存在两个纯策略纳什均衡。纳什均衡是大家一起看比赛节目,或者一起看电视剧。

细心的读者可能会发现,我们在此所描述的纳什均衡,比前面多增加了"纯策略"(pure strategy)三个字。纯策略纳什均衡,通俗来讲,就是由具体行动构成的纳什均衡解。比如上面第二个案例中,程观希选择转向,薛亭风选择不转;第三个案例中,薛亭风看比赛节目,黄飞看比赛节目,这些都是一个具体行动构成的纳什均衡。那为什么要加"纯策略"三个字呢?因为相对于纯策略,还存在着"混合策略"(mixed strategy)。所谓混合策略,主要是指面对其他参与者的不确定性而进行的选择,是以某种概率选择不同行动的组合。依此定义来看,我们会发现,引进混合策略之后,参与者的策略存在着无穷多种可能性。在这么多种可能性当中,会存在着这样一种均衡结果,即混合策略纳什均衡。具体来说,混合策略纳什均衡是指存在着某种概率分布,可以使得对方选择不同具体行动都具有相同的期望值,否则其他参与者就会选择期望值最高的具体行动而排除其他行动,这会使得初始的混合策略不是一个均衡。

我们以第一个案例为例来分析混合策略纳什均衡,具体如表6-3所示。

表6-3 警察和小偷博弈

警察 \ 小偷	q 酒馆	$1-q$ 邮局
p 酒馆	(3, 0)	(0, 2)
$1-p$ 邮局	(0, 1)	(3, 0)

从表6-3中可知,我们没办法找到一个纯策略纳什均衡。但是依据纳什均衡的存在性定理和奇数定理,这个博弈结构也存在着纳什均衡,只是我们没有直接看到而已。所谓纳什均衡存在性定理是指每个有限博弈至少存在着一个纳什均衡。奇数定理则是指几乎所有同时博弈的纳什均衡数量是有限的,并且是奇数个。有两篇经典的论文已经通过数学模型证明了这两个定理。① 因此,没有发现纯策略纳什均衡,意味着可能至少有一个混合策略纳什均衡。究竟应该如何确定这个混合策略纳什均衡呢?

我们假设警察以 p 的概率选择去酒馆,以 $1-p$ 的概率选择去邮局;而小偷以 q 的

---

① WILSON R. Computing equilibria of N-person games [J]. SIAM Journal on Applied Mathematics, 1971, 21 (1): 80-87; HARSANYI J C. Oddness of the number of equilibrium points: a new proof [J]. International Journal of Game Theory, 1973, 2 (1): 235-250.

概率选择去酒馆，以 $1-q$ 的概率选择去邮局。在达到均衡时，警察的概率选择应该要使得小偷选择去酒馆和去邮局的预期收益无差别，要不然小偷就不会以概率选择而是确定性地去某个收益更高的地方。而小偷的概率选择，应该也要使得警察选择去酒馆和去邮局的预期收益无差异，要不然警察也就直接确定性地去某个收益更高的地方。依此逻辑，我们可以分别得到以下两个方程：

$$0 \times p + 1 \times (1-p) = 2 \times p + 0 \times (1-p)$$
$$3 \times q + 0 \times (1-q) = 0 \times q + 3 \times (1-q)$$

由上述两个方程，可以解得 $p=1/3$，$q=1/2$。

也就是说，在警察和小偷博弈当中，存在着一个混合策略纳什均衡：警察会有 1/3 的概率去酒馆、2/3 的概率去邮局；小偷会有 1/2 的概率去酒馆、1/2 的概率去邮局。

在第二个案例和第三个案例当中，我们只能直接在每个案例当中找到两个纯策略纳什均衡，但是依据纳什均衡奇数定理，纳什均衡的个数应该是奇数个。请大家依据上述分析思路，找一找第二个案例和第三个案例所存在的另外一个混合策略纳什均衡。

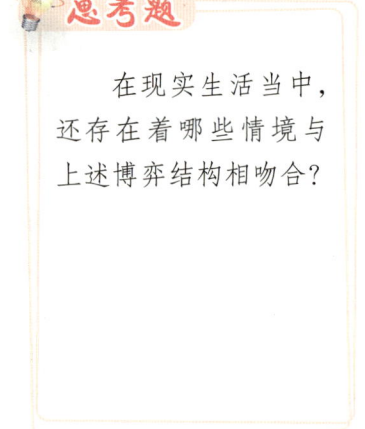

思考题

在现实生活当中，还存在着哪些情境与上述博弈结构相吻合？

上述三个博弈结构，特别是性别博弈和懦夫博弈，都存在着一个共同特征，即可能存在着多个纳什均衡，最优解可能依赖于协调结果。换句话说，理性选择的结果是多个可能选择，此时仅仅靠理性还是不够的，需要依赖于其他方式才能有效解决协调问题。

其中的一种方式叫作聚焦点或者谢林点（focalpoint or Schellingpoint）。托马斯·谢林在1960年《冲突的策略》（The Strategy of Conflict）一书当中提及这样一个简单的实验游戏，通俗来讲，就是让两名被试每个人都在由三个黑球和一个红球构成的四个球当中任意挑选一个，如果两人所挑选的球颜色一样，那么每人都可获得 1 元，若不相同则没有报酬。从理论上来看，两个人选择红球获胜的可能性只有 1/16，而选择黑球获胜的可能性是 9/16，但是最终发现的结果是绝大部分比例的被试却选择红球。为什么会这样子呢？这可以归结为红球在四个球当中是独一无二的，很容易成为大家选择的聚焦点或者凸显点。就好比两个人在火车站走散了，这时两个人重新碰面的地点可以有无穷种可能的选择，并且每个地点碰面的可能性应该是差不多的，但是绝大部分的人可能会选择火车站里面或者周边比较突出的标志性建筑，比如"火车站"那三个红色醒目标志下再次碰头的概率可能会远高于其他地方。这也为各类公共场所设置提供了一种启示，换句话说，作为人流量众多的广场、车站或者其他公共娱乐场所，可以提供一些明显标志甚至碰面点的编号,这可以为人们碰面或者协调一致性公共行动提供具体参照和引导。

第二种解决协调问题的方式,是协商对话。尽管从理性经济人角度来看,对话基本上没办法改变整个博弈的收益结构,因而不可能改变最终的纳什均衡。但是在实践当中却发现,通过协商对话,人们往往更容易达成共识,这种表面看起来廉价的没有约束力的对话却能够发挥实质性的作用。

现实生活当中还存在着其他解决协调问题的方式。比如说我们靠右行驶的道路使用规则。比如说"入乡随俗""客随主便""论资排辈""尊老爱幼",这些都是提供解决多种可能均衡结果的公序良俗和制度安排。有些时候,身份往往也可以成为传递信息的重要工具和协调手段,成为解决资源配置和利益冲突的协调方式之一。

第三节　序贯博弈

我们已经通过同时博弈结构简要讲解了人类的合作和协调难题,在这一节当中我们将介绍另外一个重要的博弈分析结构和分析方法,即序贯博弈和逆向归纳法,由此结束我们对于非市场领域纳什均衡的介绍内容。

首先,我们先来看一个具体案例。

海盗分赃

有5个海盗抢来了100块金币,大家决定分赃的方式是:由能力最强的海盗先提出分配方案,依顺序分别为海盗一、海盗二、海盗三、海盗四和海盗五。当海盗一提出一种分配方案,如果同意这种方案的人达到半数,那么该提议就可以通过并付诸实施;若同意这种方案的人未达半数,则提议不能通过且提议人将被扔进大海喂鲨鱼,然后由接下来的海盗继续重复提议过程。假设每个海盗都绝顶聪明,也不相互合作,并且每个海盗都想尽可能多地得到金币,是个理性经济人(多总比少好,有总比没有好)。那么,第一个提议的海盗将怎样提议才可以使得提议被通过又可以最大限度地得到金币呢?

大家可能会提供不同的答案,其中很典型的求解方法,可能会觉得平均分配才能最大限度地团结或者拉拢更多的人。但是真的是这样子的吗?对于这样一个案例,它不同于我们在同时博弈当中所分析的标准博弈结构,它已经是另外一个博弈结构,即动态博弈或序贯博弈。动态博弈的特征是：行动有先后顺序，不同的参与人在不同时间点行动，先行动者的选择影响后行动者的选择空间，后行动者可以观察到先行动者做了什么选择。因此，为了做出最优的行动选择，每个参与人都必须这样思考问题：（1）如果我如此选择，对方将如何应对？（2）如果我是他，我将会如何行动？（3）给定他的应对，我的最优选择是什么？换句话说，动态博弈分析不同于同时博弈，我们需要从博弈的最后一个阶段开始分析，再倒推回到前面阶段，如此循环至初始决策点。因此，我们需要运用到博弈树结构和逆向归纳分析方法。

一、博弈树结构

对于上述案例，我们没法像同时博弈结构一样画出标准博弈结构。但是，我们可以运用表6-4来分析上述案例的最终纳什均衡。能力由强至弱的海盗我们依次表示为一至五。我们需要从博弈的最后一个阶段开始分析。假如前面四个海盗都喂鲨鱼了，那么海盗五可以独得100个金币。而假如只有海盗四和海盗五，那么海盗四肯定提议自己独得100个金币，海盗五只能拿0个金币，海盗五反对不影响分配结果。而如果只有海盗三、海盗四和海盗五，那么海盗三在分配的时候，他就要考虑如何最大化分配利益才能让自己的分配方案被通过。不管给海盗四多少个金币都没用，因为海盗四一定会投反对票，只要让海盗三去喂鲨鱼自己肯定能独吞100个金币。那么给海盗五多少金币合适呢？只需要1个！为什么呢？因为一旦海盗五反对海盗三的分配方案，自己最终只会一无所有，所以作为理性经济人，有总比没有好，因此只要海盗三提议给海盗五1个金币，他一定会答应，海盗三自己得99个金币可最大化自己的收益。轮到海盗二做分配方案的时候，他只需要争取一个人投赞成票就可以了。问题是争取谁呢？争取海盗三的赞成票成本太高，只要低于99个金币都会被反对，争取海盗五，起码要大于1个金币，可是争取海盗四，只要给1个金币，理性经济人一定会答应，因此若轮到海盗二来进行分配，理性选择是给海盗四1个金币，其他海盗给0个金币。那么作为海盗一，他要至少争取2票，争取谁呢？运用前面同样的分析逻辑，应该争取海盗三和海盗五，只要每个人给1个金币，海盗三和海盗五一定会答应，若拒绝他们则一无所有，因此海盗一的最佳分配方案是（98，0，1，0，1）。

表6-4 海盗分赃示意图

一	二	三	四	五
				100
			100	0
		99	0	1
	99	0	1	0
98	0	1	0	1

在上述分析过程当中，其实我们已经运用到新的分析结构和方法。一般来说，对于序贯博弈动态结构，我们往往会运用博弈树来进行分析。所谓博弈树，是指在动态博弈过程中可以依次将参与者行动先后次序展开成一个树状图形。而由原博弈中某个决策点（信息集）开始的部分则可以构成一个子博弈。子博弈的概念很重要，它是我们分析动态博弈结构的重要分析单位。

一般来看，博弈树状标准结构是如图 6-16 所示的博弈树形状而非表 6-4，尽管表 6-4 就其本质来看也是类似于树状形状。举个更常见的例子，比如，我们把性别博弈这样一个同时博弈结构改写为动态博弈结构（同时博弈可以理解为每个人在纸上写出自己的方案，再出示自己的选择结果；而动态博弈可以理解为两人先后表态的过程），即由黄飞先决策是看比赛还是看电视剧，薛亭风再决策是看比赛还是看电视剧。由此我们

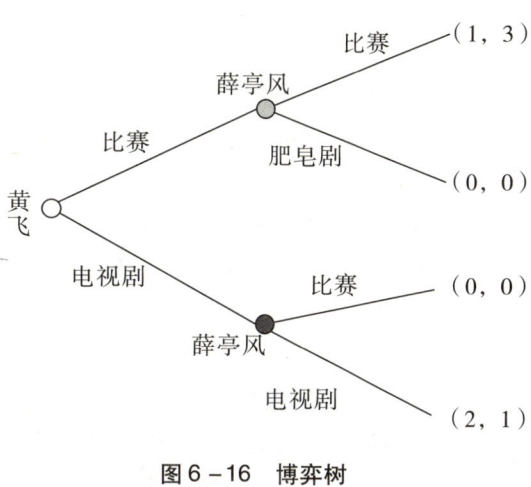

图 6-16　博弈树

得到图 6-16 的博弈树，最后一个括号表示收益结构，第一个数字代表第一个参与者即黄飞的收益，第二个数字代表第二个参与者即薛亭风的收益。

由图 6-16 这样一个博弈树，我们可以分解为三个子博弈，具体如图 6-17 所示。每个子博弈都是由单独的节点构成，则原博弈也是其自身的子博弈。我们从最后一个子博弈开始分析，再把结果倒推到前面的子博弈结构当中去，由此推出整个博弈结构的纳什均衡。

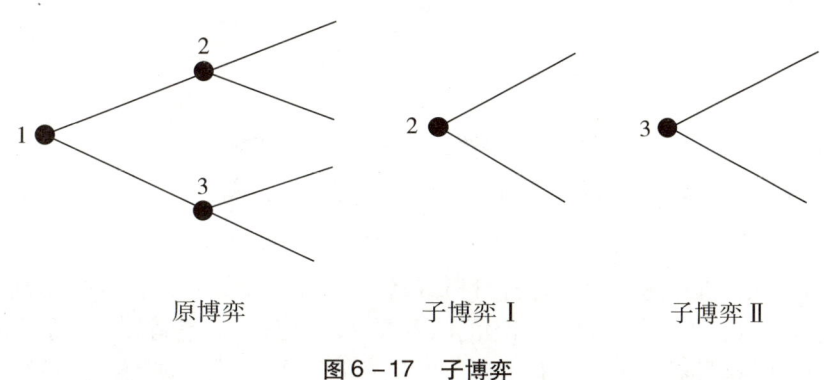

图 6-17　子博弈

我们可以再看下面这个案例，体会博弈树画法和相应分析过程。

案例

麦当鸭与肯德鸡价格战

麦当鸭和肯德鸡貌似一对恋人、冤家，一个城市，有麦当鸭的地方往往十步之内可见肯德鸡。假设在某市大学城，一家麦当鸭已经成功开业。如影随形的肯德鸡也即将步其后尘。麦当鸭早已烦透了那个"阴魂不散"的家伙，其高管对外宣称，一旦肯德鸡入驻大学城，他们将会动用价格战。肯德鸡高管做过详细的市场调研，在他们进入该路段前，麦当鸭在该路段每月可赢利4万元；假如肯德鸡也进入该路段，那么会分流一半的顾客，预期每家每月可赢利2万元；假如双方打价格战，那么双方均会遭受损失，预期每家每月损失1万元。

请用博弈树画出麦当鸭和肯德鸡的博弈结构。

此时肯德鸡应当如何决策？双方均衡结果会是什么样的？

依据上述博弈树的介绍，我们可以画出如图6-18所示的博弈树结构。在这个案例当中，尽管麦当鸭是市场当中的先行动者或者说在位者，而肯德鸡是市场当中的后行动者，但是在这一博弈结构当中，麦当鸭打不打价格战，取决于肯德鸡进不进入这个市场。因此，博弈的初始节点应该是肯德鸡而不是麦当鸭。

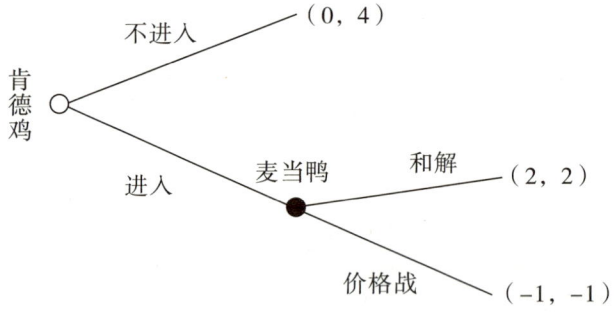

图6-18 肯德鸡和麦当鸭的价格战

怎样分析图6-18的博弈结构呢？借鉴前面海盗分赃的分析思路，我们应该从博弈的最后一个阶段开始考虑。具体如图6-19所示，假如肯德鸡已经进入市场当中，对于麦当鸭来说，理性选择究竟是打价格战还是不打价格战呢？若打价格战，自己所获得的收益是-1，不打价格战，和解的收益是2，因而追求利润最大化的话，应该是选择和解。这个是最后一个子博弈的解。我们再把这个解代入前面的子博弈结构当中去。此时，对于肯德鸡来说，不进入的收益是0，进入的话，麦当鸭追求利益最大化肯定会选择不打价格战最终和解，因而收益为2，因此这时肯德鸡的最优选择应该是进入。由此我们得到子博弈完美纳什均衡结果，即肯德鸡选择进入，麦当鸭选择和解，最终各自收益分别为（2，2）。

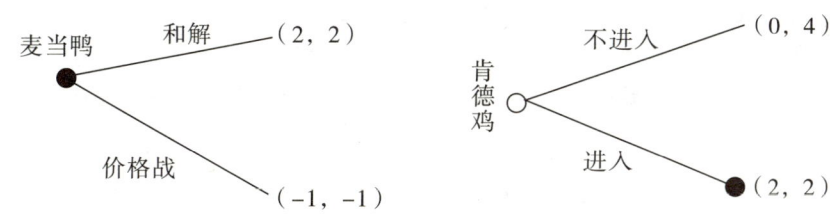

图 6-19 价格战的子博弈分析过程

在同时博弈当中，我们是运用下划线方法找出同时行动的两个参与者的纳什均衡解，而对于序贯博弈，我们采用的是从博弈的最后一个子博弈开始，寻找出相应的解，再代入到前面的博弈结构当中去，由此倒推出初始节点的最优选择。这样一个分析方法，我们把它称为逆向归纳法（backward induction）。

二、逆向归纳法

对于逆向归纳法，我们具体的求解和操作过程如下：
（1）从最后一个决策点开始，找出该子博弈的纳什均衡。
（2）在有限博弈中，我们可以用逆向归纳法求解精练纳什均衡。
（3）如此一直到初始决策点，所有子博弈上的最优选择就是精练纳什均衡（roll-back）。

对于精练纳什均衡下所经过的决策点和最优选择构成的路径，称为均衡路径（equilibrium path）。例如价格战例子当中，肯德鸡进入，麦当鸭和解，这是均衡路径。而其他的，则称为非均衡路径（off-equilibrium path）

可以说，逆向归纳的过程实际上就是重复剔除劣势战略的过程，其前提是博弈规则和理性共识：每个人都是理性的，每个人都知道每个人是理性的，如此等等。换句通俗的话讲，就是你知道对方知道，对方知道你知道对方知道，你知道对方知道你知道对方知道，以此往复无穷。2012 年，中国人民大学出版社翻译出版了英国人朱利安·巴吉尼和杰里米·斯唐鲁姆的一本哲学普及著作，书名很有意思，就叫作《你以为你以为的就是你以为的吗？》，这种循环往复反映的实际上是双方理性共识的信息对称程度。换句话说，我们在序贯博弈过程当中所求解出来的纳什均衡解，其合理性实际上取决于双方理性共识的合理性。如果这一条件无法成立，那最终均衡结果可能是另外一个均衡结局。

练习与思考

1. 两个赌徒在一起赌博时都把钱放在自己面前，只有自己才知道自己究竟有多少钱。突然一阵风吹来把大家的钱都混在了一起，他们虽然都知道钱的总数，但却为哪些钱属于自己争论不休，于是请来一个律师。律师宣布了如下规则：每个人将自己的钱数写在纸条上，然后将纸条交给律师；如果两人要求的总数大于钱的实际总数，则所有的钱归律师所有；否则，每人得到自己所写的数字，若还有剩余则归律师。问题：纳什均衡是什么？

2. 如何让参与者显露出他们的真实偏好信息？比如，在拍卖过程中，如何让参与拍卖的人能够显示出该物品对于他们的真实价值？

英式拍卖（English auction），是一种增价拍卖，其形式是：在拍卖过程中，拍卖标的物的竞价按照由低至高、依次递增顺序，在拍卖截止时间时，出价最高者成为竞买的赢家。

荷式拍卖（Dutch auction），是一种特殊的减价拍卖形式，它是拍卖标的物的竞价由高到低依次递减直到第一个竞买人应价（达到或超过底价）时击槌成交的一种拍卖。第一个实际竞价常常是最后的竞价。

第二价格密封拍卖，即维克里拍卖（Vickrey auction），是指在拍卖过程中，竞买者同样以密封形式独立出价，商品出售给出价最高的投票者。但是，获胜者支付的是所有投票价格的第二高价。

维克里拍卖相对于英式拍卖和荷式拍卖来说，是一个更好的激励人说真话的机制设计，为什么呢？

3. 遗产分割难题。一名富翁在婚书（婚姻契约）中向他的三位妻子许诺，死后将给三老婆100个金币，二老婆200个金币，大老婆300个金币。可是富翁死后人们分割其遗产时，发现他的遗产根本没有600个金币，那么他的三位妻子各应分得多少金币？

人们去找拉比，拉比是犹太人中的博学之士，他们不仅研究犹太教律法，还担任民事法庭的法官，进行民事案件的裁决。拉比规定的财产分配方案如表6-5所示。

表6-5 财产分配方案

金币数	三老婆	二老婆	大老婆
遗产为100金币	33.3	33.3	33.3
遗产为200金币	50	75	75
遗产为300金币	50	100	150

按常理，这三人得到的遗产比例应为1∶2∶3，而在犹太拉比的裁决中，只有当遗产数为300个金币时，这一比例才成立。人们不明白这个与常理相悖的方案是如何制订出来的。为什么会出现一个这样与常识明显相悖的分配方案呢？

上述分配方案就是有名的塔木德分配方案难题。

《塔木德·损害部·中门卷》有则故事：甲、乙二人共同抓着一件大衣来找法官，若甲、乙都发誓自己拥有这件大衣的全部所有权，法官会判定甲、乙分别得到这件大衣的二分之一。若甲发誓自己拥有这件大衣的全部所有权，乙发誓自己拥有大衣的二分之一所有权，则法官会判定甲拥有大衣的四分之三，乙拥有四分之一。

请问，上述"塔木德分配方案"与《塔木德》的中门卷案例分配原理相吻合吗？为什么？

诺贝尔奖得主奥曼深入研究了《塔木德》，并根据这个故事，总结出古代犹太人解决财产争执的三个原则：

（1）仅分割有争议财产，无争议财产不予分割。

（2）宣称拥有更多财产权利一方最终所得不少于宣称拥有较少权利一方。

（3）财产争议者超过两人时，将所有争议者按照其诉求金额排序，最小者自成一组，剩下所有争议者另成一组，争议财产在两组间公平分配。

依据这三个原则如何解释塔木德分配方案难题？

4. 依据纳什均衡的奇数定理，请试着求出"懦夫博弈"案例和"性别博弈"案例的另外一个混合策略纳什均衡。（提示：所谓混合策略纳什均衡，是相对于正文所讲的纯策略纳什均衡而言，它是指参与人对于每个行动都采取相应的概率，而非一个确定的行动。比如性别博弈中，假如选择看比赛的概率是 p，那么选择看电视剧的概率就是 $1-p$，由此可能会存在无穷多种可能性组合，其中一定会有一个概率可以使得对方在两种选择当中所获得的收益没有差别。这样一个概率组合就可以构成混合策略纳什均衡。）与此同时，尝试用数学公式证明：我们正文当中所求解的混合策略纳什均衡方法，与理性经济人追求预期收益最大化的模型求解结果是一样的。（提示：可以按照每个选择出现的概率，乘以每个人在每个选择中的收益，计算出每个人的预期收益。对预期收益函数关于概率求偏导，令一阶导数等于 0 可求解出相应的概率值。）

5. 在桌子上面放一定数量的火柴，A 和 B 两人可轮流从中取走 1 根或 2 根，谁取走最后 1 根或 2 根便获胜。胜者得 1 块钱，负者输 1 块钱。

（1）当火柴数量是 5 时，A 先行动。请用博弈树画出可能的行动，并确定 A 的最优行动路径和策略。

（2）当火柴数量为 4 或 6、7、8、9 呢？

（3）请归纳出火柴数量的哪些特征与 A 或 B 的获胜机会是相关联的。

参 考 文 献

[1] 杰文斯. 政治经济学理论 [M]. 郭大力, 译. 北京: 商务印书馆, 1984.

[2] 马歇尔. 经济学原理: 上卷 [M]. 朱志泰, 译. 北京: 商务印书馆, 1964.

[3] 马歇尔. 经济学原理: 下卷 [M]. 陈良璧, 译. 北京: 商务印书馆, 1965.

[4] 斯密. 国民财富的性质和原因的研究: 上卷 [M]. 郭大力, 王亚南, 译. 北京: 商务印书馆, 1972.

[5] 凯恩斯. 就业、利息和货币通论: 重译本 [M]. 高鸿业, 译. 北京: 商务印书馆, 1999.

[6] 穆勒. 政治经济学原理及其在社会哲学上的若干应用: 上卷 [M]. 赵荣潜, 桑炳彦, 朱泱, 等译. 北京: 商务印书馆, 1991.

[7] 赫舒拉发 J, 格雷泽, 赫舒拉发 D. 价格理论及其应用: 决策、市场与信息 [M]. 李俊慧, 周燕, 译. 北京: 机械工业出版社, 2009.

[8] 尼科尔森, 西迪尔. 中级微观经济学: 理论与应用: 第10版 [M]. 徐志浩, 杨娟, 程栩, 等译. 北京: 中国人民大学出版社, 2012.

[9] 迪克西特, 奈尔伯夫. 妙趣横生博弈论: 事业与人生的成功之道 [M]. 董志强, 王尔山, 李文霞, 译. 北京: 机械工业出版社, 2009.

[10] 迪克西特, 奈尔伯夫. 策略思维: 商界、政界及日常生活中的策略竞争 [M]. 王尔山, 译. 北京: 中国人民大学出版社, 2003.

[11] 萨缪尔森, 诺德豪斯. 经济学: 第19版 [M]. 萧琛, 主译. 北京: 商务印书馆, 2014.

[12] 曼昆. 经济学原理: 第七版: 微观经济学分册 [M]. 梁小民, 梁砾, 译. 北京: 北京大学出版社, 2015.

[13] 阿西莫格鲁, 莱布森, 李斯特. 经济学: 微观部分 [M]. 卢远瞩, 尹训东, 译. 北京: 中国人民大学出版社, 2016.

[14] 贝克尔. 人类行为的经济分析 [M]. 王业宇, 陈琪, 译. 上海: 格致出版社, 2008.

[15] 霍恩比. 牛津高阶英汉双解词典 [Z]. 8版. 北京: 商务印书馆, 2014.

[16] 叶航. 超越新古典: 经济学的第四次革命与第四次综合 [J]. 南方经济, 2015 (8): 1-31.

[17] 蒋自强, 张旭昆. 三次革命和三次综合: 西方经济学演化模式研究 [M]. 上海: 上海人民出版社, 1996.

[18] 方福前. 当代西方经济学主要流派 [M]. 2版. 北京: 中国人民大学出版, 2014.

[19] 高鸿业. 西方经济学: 微观部分 [M]. 6版. 北京: 中国人民大学出版社, 2014.

[20] 吉本斯. 博弈论基础[M]. 高峰,译. 北京:中国社会科学出版社,1999.

[21] 董志强. 身边的博弈[M]. 北京:机械工业出版社,2007.

[22] 董志强. 无知的博弈:有限信息下的生存智慧[M]. 北京:机械工业出版社,2009.

[23] 谢识予. 经济博弈论[M]. 2版. 上海:复旦大学出版社,2002.

[24] 张维迎. 博弈与社会[M]. 北京:北京大学出版社,2013.

后　记

《微观经济学》能够整理成册，首先得向华南师范大学的林勇教授和华南师范大学附属中学的吴青副校长致敬！

2012年6月从中国人民大学毕业之后，我入职汕头大学，讲授的第一门课程是"经济学原理"。2013年下半年我从汕头大学调入华南师范大学后，给大一新生上的第一门课程也是"经济学原理"。2015年经林勇教授推荐，蒙吴青副校长青睐，我在华南师范大学附属中学给高二年级两个大学先修班的学生开设"博弈论基础"课程；2016年同时给高一年级两个大学先修班的学生开设"微观经济学"课程。经过将近十年的经济学专业学习，加上五六年的经济学教学经历，讲授基础的经济学课程，对我来说不再有明显的讲台压力。不过，对于学生来说，他们面临着没有合适教学参考书的尴尬处境。而在课后特别是考试临近时，由于没有合适的具有针对性的教学课本，他们也容易感到焦虑、不安甚至惶恐。对于他们来说，"微观经济学"课程听起来很有趣，可是临近考试却很头疼。

高中生很有必要学好经济学，但是国内外并没有针对这一群体提供合适的经济学教科书，林勇教授和吴青副校长同时敏锐地把握到学生的学习困境和潜在需求。2017年年初，华南师范大学经济管理学院继续教育办公室的纪志明主任也同样传达出出版一本直接面向高中生的经济学教材的必要性和迫切性。这两年来我也同样理解高中生的这一学习困境。众所周知，国内教材体系逻辑严密，国外教材举例生动有趣，因而，生动有趣而又逻辑严谨的教学课程，大抵是中学为体西学为用的模样。有感于此，我的整个微观经济学教学框架体系选择了我国高鸿业老先生主编的《西方经济学》作为范本，与此同时援引了曼昆、萨缪尔森、赫舒拉发、尼克尔森和阿西莫格鲁等人的经济学教材内容，这使得学生在挑选教学参考书时面临着尴尬的处境：一是，学习这样一门课程竟然要买那么多本参考书？二是，即使买了，作为高中生也不可能在这样一门课程上花那么多的时间和精力去阅读。

《微观经济学》就这样应运而生。为了给学生提供一个简洁的、有针对性的参考性学习资料，这一讲义基本上涵盖了我主讲"微观经济学"课程的主要知识点，它是由该课程的教学PPT整理而成。而这一教学PPT第二章至第五章的初始版本源自于中国人民大学出版社出版的《西方经济学》课程配套教案，在此向中国人民大学出版社及制作该PPT的韩松教授致敬。此外，这一讲义在这几年的教学过程当中，融合了我自己的教学内容和心得的同时，也结合了其他教师的教学建议和内容。在此也向华南师范大学的林涛副研究员、纪志明老师和吴乐意老师致谢！

教学不仅是一个教学相长的过程，也是一个同行教师相互探讨交流、互动启发裨益的过程。在此，感谢华南师范大学附属中学原校长朱子平先生、黄华林老师、张莉老师、刘桦老师和许绮霞老师及教务处等科室的诸位教师提供宝贵的交流互动和学习机会，感谢华南师范大学附属中学高一（5）班、高一（6）班、高二（5）班和高二（6）班等班级的诸位学生为我提供宝贵的教学反馈意见。

众所周知，编撰一本教材是一件辛苦的工作。就我个人而言，我不太倾向于选择编撰教材这项活儿，而宁愿把同样的时间花在论文上面。因为要编撰一本有自己特色的教材太难，它很容易沦为简单的搬运工，要创新太难，成就感太低。然而，作为这门"微观经济学"的任课教师，我也不能眼睁睁看着一百来名学生的学习焦虑而无动于衷。因此，我也努力尝试着做一件对大家有利的正外部性效应的编撰工作。在此，我也要感谢为这一讲义初稿提供协助的三位研究生，感谢香港中文大学研究生简婉欣同学为本书第二章至第三章的编撰提供的便利，感谢北京大学研究生张沛康同学为本书第四章和第五章的编排整理提供便利，同时感谢华南师范大学研究生罗雅言同学为本书第二章至第五章提供补充材料。

本书由三位教师共同努力完成，林勇教授提供全书编撰体系、要点和思路，最终成稿兼顾到高中生课程学习和接受程度剔除掉成本论和生产要素市场等章节内容。黄华林老师编撰本书第一章至第五章的练习和思考并负责全书的审校和出版协调工作，力求以通俗易懂的习题让学生在掌握本章知识要点的同时爱上经济学。我个人比较满意本书的第一章和第六章，它们耗费了我最多的时间和精力，也融合了我经济学教学的一些心得和体会。它们是大家在其他经济学教科书中很难看到的知识内容，也是这一讲义可能对国内已有经济学教材市场的一点边际贡献。

本书初稿成于2017年7月，修改稿完成于2018年7月底，校稿完成于2018年10月。原书初稿因"赶工"很多内容只是PPT要点摘编，可读性在我看来是相当"惨不忍睹"，特别感谢广东省教育研究院和广东高等教育出版社一开始对本书初稿的不舍、青睐和大力支持，才会有后面这样一个可能的面市机会。本书也得到国家留学基金资助，没有2018—2019年法国访学的时间，我预计很难拿出可以出版的修改完善和编校版本。在此，也借机向本书修改期间创造访学条件和提供工作便利的国家留学基金管理委员会、广州留学人员服务中心、中国驻法国大使馆、华南师范大学、法国里昂大学经济理论和分析中心（GATE Lyon Saint-Etienne,

CNRS-University of Lyon）致敬！特别感谢法国经济理论和分析中心 Marie Claire Villeval 教授的邀请，也特别鸣谢上述五大机构的相关教师和工作人员，他们分别是华南师范大学师资科的文媛媛老师，广州留学服务中心的程老师、梁老师、黄老师和简老师，中国驻法国大使馆教育处的王春桥老师，法国里昂大学经济理论和分析中心主任 Sonia Paty 教授、留学接待秘书 Yamina Mansouri、中心秘书 Taï Dao、助理工程师 Philippe Fortin、图书管理员 Nelly Wirth，也感谢在法国留学的赵柘锦博士、刘惕若博士和尹相楠博士。

连洪泉
于法国里昂 Ecully
2018 年 10 月